送給迷惘中的你

哲學100的基本

岡本裕一朗

楓樹林

前言

　　本書的目標，是讓大家即使沒有背景知識，也能學習哲學的基礎。而且，書中將 100 個項目簡化成一句話，讓各位能夠全面理解哲學的各個主題。

　　哲學始於古希臘時代，至今已經有 2500 年以上歷史，我想將這豐富的智慧去蕪存菁、傳授給大家。

　　然而，對忙碌的現代人來說，哲學書真的值得閱讀嗎？難道不需要了解更「有用」的學問嗎……或許會有人這樣反問我吧。

　　回顧歷史，每當時代出現巨大的變革時，都會面臨傳統思想和觀點已經落伍、需要全新思想理論的時期。而現在不就正在發生足以比擬這種時代變革的大事件嗎？與其性急地追求答案，不如回歸基本、重新思索問題還更重要。

　　哲學可以用寬廣的視野和長遠的時間跨距來思考事物，往後退一步觀察每天的狀況進展，**重新詢問「這原本意味著什麼？」思索出適合觀察世界的全新眼光。**

　　這個作法乍看之下或許太悠哉了，但是在這瞬息萬變的時代，就是需要這樣的哲學姿態。本書介紹的是 2500 年來哲學所提出的思考眼光，請各位一定要讀看看。期待你能從中找到驚人的發現。

本書的架構簡單來說分成三個部分。各個部分都包含多個章節，全書共有10章，各章標題如下。

關於閱讀方法，本書採取從任一章節開始閱讀都可以輕易理解的編排方式。不過，各個章節都是屬於同一個主題，所以還是建議連續讀下去。

另外，各位只要讀了就會明白，**本書在說明各個主題時，不會只有單純的介紹，也會提出其中的問題、關注引起爭議的討論**。這樣各主題的論點才夠清楚。

本書引用的文獻書籍皆列在書末的附注。基本上採用的都是翻譯版本，不過其中也包含我自己翻譯的句子，並非完全引用譯本裡的文字。在此感謝各位譯者讓我摘錄珍貴的譯文。

　　最後，本書從企劃階段到付梓成書，都受到東洋經濟新報社出版局的宮崎奈津子小姐協助。原本預訂的出版時程較早，但因為我身體欠佳而中途暫停，到了2022年才又重新開始，最後完成了現在這本書。這是宮崎小姐的心血結晶。請讓我借這個機會表達我誠摯的感謝。

　2022年11月

岡本　裕一朗

Contents

PART 1
明白人生的本質

────────── Introduction ──────────

哲
學

Philosophy

哲學是什麼

─────────── Chapter 3 ───────────

道德

Moral

我應該做什麼

幸福

Happiness

我可以希望什麼

Chapter 5

宗教
Religion

我要相信什麼

世界

Universe

世界充滿未解之謎

自然

Nature

如何理解自然

PART 3

活在沒有正確答案的世界裡

―― Chapter 8 ――

制
度

Institution

可見的制度、不可見的制度

—————————— Chapter 9 ——————————

社會

Socieety

我要如何與他人共存

歷史
History

如何活在歷史裡

哲
學

———— Philosophy ————

哲學是什麼？

哲學是什麼——

對於這個問題，**有多少哲學家，就有多少答案**。

所以，我們無法舉出一個標準的定義來說「這就是哲學！」

這裡要介紹幾種關於「哲學」的代表性觀點，**旨在讓大家感受到「哲學」的多樣性**。不過，這些不同哲學家的活動還是有著共同的特徵。

其中一個是哲學的根源性。哲學經常被視為懷疑前提的活動，特地對各種學問、傳統的觀念、日常生活的常識等平常認為理所當然、不假思索的事物提出疑點，甚至到了令人訝異的程度，所以有時候哲學家會被當成「瘋子」。

　　實際上，笛卡兒就是預想了荒誕無稽的「夢境」、把自己比做「瘋子」，來逐漸確定自己的思緒。但要是做得太過火，就無法維持日常生活了，所以這方面還是要拿捏好分寸。姑且不論結果，**從根本上懷疑原本視為理所當然的前提，這就是哲學的共同特徵**。

　　另外一個特徵是思考的徹底性。一旦有了自己的構想或視角（perspective*），就會形成符合它的概念（concept），後續再依循這個概念來徹底觀察。一般人都會在某些部分妥協，但哲學會持續深入這個觀點直到最後。

　　我在讀以前哲學家的著作時，確實很難不察覺到這個思考的徹底性。

　　那些觀點令人驚異的世界，都是根據哲學家構思的概念所描繪出來的。就這層意義來看，或許可以說**哲學史就是異想天開的寶庫**。各位也不需要太緊張，**只要用窺探仙境的感覺去享受它就好**。

　　提到哲學史，或許會讓人以為過去的哲學充滿了陳舊的黴味，但它們絕對不落後。說得極端一點，「沒有哲學史就沒有哲學」。

　　當然，哲學史不單只是為了增廣見聞（見識），也是自主進行「哲學思考」的必要條件。雖然法國哲學家德希達說過「文本以外無一物」[1]，但我們還是需要閱讀過去的哲學著作，才能進行哲學思考。

＞**perspective**：由哲學家尼采提出的說法，意思是人的認知總是站在固定的立場或角度來進行。這個概念也啟發了美術的透視法。

不是學「哲學」，而是學「哲學思考」！

　　哲學會出現很多好像很難的「某某主義」或「某某論」，還有各種音譯的外國人名，往往會讓人以為這是要死背的東西。如果你也這麼想，請記住德國哲學家**伊曼努爾・康德***說過的話。

　　他區分了作為學校課堂知識的「哲學」，與自主思索的「哲學思考（philosophieren）」，聲稱「永遠不能學習哲學，（中略）頂多只能學習做哲學研究」[2]。

　　那該怎麼做才不是單純學習哲學知識，而是靠自己進行哲學性的思考呢？現代美國哲學家湯瑪斯・內格爾說道，**「大概到了14歲，很多人就會開始獨立思考哲學問題」**[3]。

　　每個人應該都曾在青春期的時候，覺得別人都不了解自己，或是自己不了解別人。

　　這些經驗累積下來後，我們就會懶得與他人往來，不僅如

此，可能還會懷疑「我真的能跟別人互相理解嗎？」。對於這個疑問或許還會愈想愈徹底。

像是「人真的可以理解別人的心情嗎？」、「話說理解別人究竟是怎麼一回事？」或是「我要怎麼知道別人的心思？」等疑問會逐漸深入。

這些疑問通常會隨著時間淡忘，但卻不代表問題解決了。我們可能偶爾會想起，使得疑問更加擴大。

實際上，**重新追尋這些在無意間遺忘的問題，就是在進行「哲學思考」**。哲學的目的並非是認識過去哲學家的學說。既然如此，那我們讀哲學家的著作是為了什麼？

在閱讀哲學家著作時，你可能會發現自己有著同樣的想法或體驗。我姑且將此稱作「常態體驗」。

舉例來說，當笛卡兒表示「感官會產生謬誤，所以暫且不能相信」時，應該絕大多數人都同意這句話。

在此同時，我們也會疑惑他接下來要說什麼吧。

當然我不知道各位在看完笛卡兒後續的說明以後，是否能接受他的論點，不過大家在閱讀時肯定都不會對哲學家提出的問題置身事外，能夠將其當作自身的問題來思考。

我們都**需要透過哲學家的討論，獨立思索、進行屬於自己的「哲學思考」**。

Column

日語和中文是把「哲學」當作一門學問，但歐美語言（英語 philosophy、法語 philosophie、德語 philosophie）和作為詞源的希臘語（φιλοσοφία，philosophia），原意都是「愛智慧」，形式上並不是「～學」這種名詞。字面上的翻譯就是「愛智」。

因此，「哲學」並不像其他學問一樣有特定的研究領域。例如「心理學psychology」是處理「心理」這個研究領域的「學」，但「哲學」無法這樣拆解說明。這也是「哲學」經常被批為不知道在做什麼的原因。

> **伊曼努爾・康德**：18－19世紀的德國哲學家。發表《純粹理性批判》、《實踐理性批判》和《判斷力批判》三大批判書，提倡批判哲學。在認識論領域引起了「哥白尼式革命」。

哲學始於「驚奇」和「疑惑」

Basic 2

　　哲學乍看之下對生活毫無用處，但人為什麼還是會追尋它？哲學的動機究竟是什麼？

　　人為何追尋哲學——追尋哲學的根源，自古以來就是出於「驚奇（thaumazein）」。**柏拉圖*強調過，「驚奇」才是「愛智哲學」的開端**。**亞里斯多德*也曾在著作《形上學》裡談到**：

> 　　人們之開始研究哲學（中略），都是出自驚奇。最初他們對少數可疑之事物感到驚奇，然後漸漸地對於較大的事物感到驚奇。（中略）感到迷惑與驚奇的人自以為無知，（中略）所以他們是為了逃避無知而做哲學的思考。[4]

　　也就是說，整個過程是**①感到驚奇、疑惑→②覺得自己無知→③探求智慧（哲學）**。

　　這裡所謂的哲學，並不是現代狹義的哲學，而是泛指所有學

問。亞里斯多德就如同他萬學之祖的稱號般，探索包括邏輯學、生物學、天文學、政治學、神學等所有領域的學問，這全部都是「哲學」。

這裡的重點在於，哲學探索的開端就是「驚奇（thaumazein）」。反過來說，如果沒有驚奇，人就不會開始探索哲學。看見眼前的生物很驚奇，看見星空很驚奇，然後疑惑「為什麼？」而開始去探索。

大人看到小孩一直問「為什麼」，常常會說他們是「小小哲學家」。

圖1 小孩的疑問和哲學

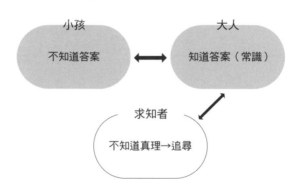

小孩的確凡事都驚奇連連，但是大人卻在不知不覺中對這些純真的提問失去新鮮感，固守著常識性的思維。或許就是這樣才會覺得孩子像個哲學家。

那麼，哲學的問題，與孩子提出的疑問是一樣的嗎？

我們來設想一下**蘇格拉底***對各個權力者反覆詢問「〇〇是什麼？」的狀況。他站在「我很無知」的立場提出疑問，但這

不代表他不知道常識性的答案，只是他覺得這些答案並非真理。

　　為了追尋真理，蘇格拉底特地去詢問那些他認為知道答案的人，並揭穿他們錯誤的答案。仔細想想，這個作法還挺惹人厭的，或許最後被判死刑也不意外。所以恐怕沒有哪個孩子真的是這樣問的吧。

> **柏拉圖**：西元前5－前4世紀的古希臘哲學家。著有蘇格拉底的對話錄，透過詰問法塑造出理型論，建構了往後哲學的原型。雖然受到學生亞里斯多德的批判，不過兩人的哲學對整個哲學史都有深遠的影響。

> **亞里斯多德**：西元前4世紀的希臘最偉大哲學家。柏拉圖的學生，也是亞歷山大大帝的家庭教師。

> **蘇格拉底**：西元前5－前4世紀的古希臘哲學家。柏拉圖的老師，主張透過詰問法探索真理，卻因付諸實行而被判死刑，自願服毒身亡。

哲學就是觀察世界的眼睛

哲學看起來也許像是在玩弄抽象又有點難懂的概念，對日常生活毫無幫助。在翻譯哲學著作外語原文的過程中，也確實會用到一些平常根本不太會說的嚴謹詞彙。

例如「存在」這個嚴肅的詞，原本就跟平常說的「有」意思相通，像是「桌子上有書」、「她有美貌」這些句子，都是我們很熟悉的說詞。

但是，存在主義、存在問題這些詞，就跟日常沒有關聯了。

所以，哲學可能會給人一種與日常無緣的感覺，但它與我們的生活方式還是息息相關。那哲學到底是為了什麼要用抽象的「概念」呢？

現代法國哲學家**吉爾・德勒茲**＊和**菲利克斯・瓜達里**＊合著的《何謂哲學？》（1991）當中，寫道**「哲學是一門創造概念的學科」**[5]。

這裡所說的「**概念**＊」是「concept」，近年廠商在開發產品

時也會使用這個詞。例如新產品上市時，廣告裡會強調這個產品的「概念」。

這麼一想，「概念（concept）」就不能算是哲學特有的。那哲學裡所說的「創造概念」又是什麼意思呢？為了方便大家理解，我在這裡將「概念」指稱的對象換成「思考的眼鏡」吧。

哲學家創造了各種「思考的眼鏡」，像是柏拉圖的「理型」、笛卡兒的「我思」、黑格爾的「精神*」等等，多得不勝枚舉。這是哲學家在邀請眾人「試著戴上這些眼鏡來看世界吧！你會看見與眾不同的風景」。

哲學不像科學會做實驗和統計，只能從事運用概念的理論性活動，因此才經常被批評「哲學老愛用抽象艱澀的說法」。

但**哲學要做的，是探索世界會因不同的「概念」而呈現出什麼樣貌**。用哲學的眼鏡（概念）。就會看見與過去截然不同的世界，倘若沒有這個概念（思考的眼鏡），我們或許根本不會發現其他世界。

因此，不熟悉哲學概念的人，可能就會覺得它抽象又困難；不過一旦明白箇中含義，就能產生具體的想像了。我們可以透過哲學遇見全新的世界，至於會看見什麼樣的世界，敬請期待。

屆時你千萬不能忘記，**思考的眼鏡有合不合適的分別**。你要設法辨別適合自己的思考眼鏡（概念），選出適合自己的款式。當然，眼鏡也有時下的流行，帥氣又能夠看得很清楚的思考眼鏡（概念），會讓你的生活更加充實。

Column

吉爾・德勒茲和菲利克斯・瓜達里經常合作出版書籍，所以有時會標記成德勒茲與瓜達里。史上最知名的合作著者是19世紀的

馬克斯和恩格斯，以及20世紀《啟蒙辯證法》的作者阿多諾和霍克海默。合著的問題在於「貢獻比例」，誰寫了原稿裡的哪個部分，兩人又是如何共同執筆的。另外也會講求兩人的思想是否對立。到了21世紀，多人共寫一部作品已經變得很簡單，所以合著的問題今後將會更重要。

> **吉爾・德勒茲**：20世紀的法國哲學家。結構主義以後的法國現代思潮代表，與瓜達里合作出版的《反伊底帕斯》廣受年輕世代喜愛，書中傳達的訊息甚至還改變了他們的生活型態。

> **菲利克斯・瓜達里**：20世紀的法國哲學家。與吉爾・德勒茲合著的《反伊底帕斯》大為轟動，之後兩人便經常合作執筆。另外也經常以社會活動家的身分發表革命性思想。

> **概念（concept）**：在哲學裡意指思考事物時的基本觀點，近年也常用於商業方面。在商業上是指企劃專案時一貫的思考模式。

> **精神**：源自德語的Geist，意指比個體心靈更廣大的社群或時代共通的狀態。黑格爾的著作《精神現象學》，就是這個詞的典型用法。

哲學就是重新學會看

Basic 4

　　哲學和其他學問（例如科學）不同，沒有固定的專門領域。所以就算要進行「哲學思考」，又會讓人不知道究竟該思考什麼才好。這時，請各位想起法國哲學家**梅洛－龐蒂**＊所說的，**「真正的哲學在於重新學會看世界」**[(6)]。

　　早在哲學之前，我們就已經在「看世界」了。那為什麼我們還需要「重新學」呢？而且話說回來，「重新學會看」又是什麼意思？

　　梅洛－龐蒂舉了很多心理學的視錯覺例子來解釋，我就引用其中一個。例如有個圖形叫作繆 二氏錯覺，一般都是解釋為「兩條等長的直線，兩端箭頭向內者看起來較長，兩端箭頭向外者看起來較短」。

　　這個圖形之所以是「視錯覺」，是因為兩條線其實「長度相同」，卻容易誤看成「長度不同」。但是問題在於，為什麼我們能說這兩條線真的「長度相同」？

這個判斷的前提，在於相信科學理解的世界（經過數學計算的世界）才是真的世界，而我們在日常生活中體驗的世界是錯誤的。

圖2　繆萊二氏錯覺

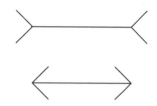

由此可見，科學的世界需要拋開日常的世界才能成立。即使如此，我們也不能單方面斷定只有客觀科學的世界才是唯一正確的。

我們反而需要先回歸日常的世界，學會多樣化的觀點。實際上，所謂的「相同長度」，就是在兩端箭頭向外時「看見」的長度，是用尺測量「看見」時的長度。

科學的觀點與日常的觀點看似矛盾，但是觀看的方式並無不同。這麼一想，所謂「客觀」的世界應該也能用新的形式去理解。

常識性的態度經常會發生這種矛盾。重新學習哲學的觀點，或許可以讓人軟化僵硬的態度、不再用已確定的觀點判斷事物。

Column

法國哲學在第二次世界大戰後大致分為三個時期。①戰後的**存在**

主義*、②1960年代的**結構主義***、③1960年代後半的**後結構主義***。梅洛－龐蒂在存在主義過渡到結構主義的時期，以現象學的立場提出重要的研究成果。雖然他比存在主義的代表人物沙特年輕3歲，但他仍不斷反駁沙特的思想，同時以德國的**胡塞爾*****現象學**後期思想為依據，構思出新的哲學。

> **梅洛－龐蒂**：20世紀的法國哲學家。比沙特年輕3歲，同樣研究**胡塞爾**的現象學，但格外著重後期的胡塞爾現象學，提出不同於沙特的現象學觀點。主要著作為1945年出版的《知覺現象學》，釐清了人的被動性質。

> **存在主義**：根據沙特的著作《存在主義即人文主義》中的記述，這是思考「存在先於本質」[7]的哲學。沙特曾舉出齊克果、尼采、海德格、雅斯培和馬塞爾等人作為該流派的代表，但這個定義和人物的列舉，曾受到被列舉的本人批判。

> **結構主義**：1960年代在法國流行的哲學理論。但是，代表人物李維史陀的主要著作《親屬關係的基本結構》是在1947年出版，比這股風潮要早。而且根據李維史陀的說法，結構主義只有在人類學和語言學領域才能成立。

> **後結構主義**：大約從1960年代後半到70年代在法國流行的思想運動。這是美國新聞媒體使用的詞彙，因此被列為代表人物的德希達曾否認自己是後結構主義者。

> **胡塞爾**：19－20世紀的德國哲學家。受到德國哲學家布倫塔諾和奧地利哲學家馬赫的影響，創立了現象學。代表作為《純粹現象學和現象學哲學的觀念》，第一卷發表於於1913年。海德格是他的學生，其思想也影響了後來的沙特和梅洛－龐蒂。

為蒼蠅指出捕蠅瓶的出口

哲學是一門用艱深詞句建立起宏大體系的學問──正面挑戰這個印象的，就是**維根斯坦**＊所提出的哲學理論。他曾經用一個有趣的形象來比喻：

> 「哲學的任務，是給蒼蠅指出飛出捕蠅瓶的出口。」(8)

我們需要先確認其他哲學家長久以來的工作，才能理解這個形象。維根斯坦還在書中寫道：

> 當哲學家使用一個詞──「知識」、「存在」、「對象」、「我」、「命題」、「名稱」──並試圖把握事物的本質時，人們必須經常地問自己：這個詞在作為它老家的語言遊戲中，真的是以這種方式來使用的嗎？
>
> 我們所做的乃是把詞從形而上學的使用帶回到日常的使用上。(8)

　　維根斯坦認為以往的哲學家都「生病」了。這裡稱之為「**形而上學***式的詞語用法」病。

　　而維根斯坦心目中的「哲學家」，肩負著治療這種病的責任。這才是他所追求的「哲學家」，所以他說過**「哲學家處理一個問題，有如治療一種疾病」**。

　　那哲學家要怎麼治療疾病呢？他認為的治療，就是讓哲學家使用的字詞回歸「日常的用法」。

　　哲學家愛用艱澀而意義不明的字詞，這其實是一種疾病。所以要治療這個病，讓語言回歸日常生活的用法。

　　大家都看得出來，是哲學家把語言從日常的用法，誤解成形而上學的用法。所以，維根斯坦的目的就是非得治好這些哲學家的病不可，於是他用「為蒼蠅指出捕蠅瓶的出口」來形容這個情況。

　　現在我們已經知道，很多哲學家至今都誤解了語言的用法，所以維根斯坦認為只要釐清語言的功用，就能「解決哲學問題」。

　　也就是說，**哲學的問題來自對語言的誤解，釐清語言就能解決**。

　　如此一來，我們在閱讀哲學家所寫的文章時，只要時常留意文中的詞語用法是否正確即可。意思就是不要受困於艱澀的詞語，否則就離不開捕蠅瓶了。

> **路德維希・維根斯坦**：19－20世紀生於奧地利的英國哲學家。生前出版的哲學著作只有1921年的《邏輯哲學論》。在他死後，包含他對該書的自我批判在內，探索新思想的文稿才問世。

> **形而上學**：源自亞里斯多德的著作《形而上學》的概念，是一門將超越感官與經驗的世界當作真實存在、思考其原理的學問。但要注意的是，形而上學的意義會隨著時代與個人解讀而不同。

是探索自然，還是詰問？

Basic 6

　　哲學是從什麼時候開始的？——這個問題可以有兩個答案，一個是泰利斯，另一個是蘇格拉底。

　　從年代來看，**泰利斯**＊的出現遠比蘇格拉底要早，所以以他為開端似乎比較正確。儘管如此，主張**蘇格拉底**＊是第一位哲學家的觀點卻更加根深蒂固。

　　泰利斯是米利都學派＊的代表人物，專門探索萬物的起源（始基）＊。他主張萬物起源於「水」，但繼他之後的人則是主張其他各種物質才是起源。

　　後來，德謨克利特主張萬物是由「原子（atom）」組成。從這一系列的發展看來，**始於泰利斯的哲學歷程，相當接近現代自然科學類型的探索**。

　　相較之下，蘇格拉底開啟的是「詰問法（dialektike）」。這是

直接透過對話來追尋真理的方法。

　　具體的作法，就是**向對方提出問題，探討答案後再度提問**。也就是透過詞語的斟酌來接近真理。

圖3　泰利斯與蘇格拉底的哲學

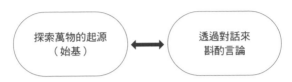

探索萬物的起源
（始基）　◆──▶　透過對話來
斟酌言論

　　這些類型的哲學，形塑了日後的哲學傳統。也就是依循**蘇格拉底式作法，大膽懷疑平常深信不疑的事物、提出疑問，斟酌彼此的言論來尋求真理**。

　　這兩種類型的哲學，之後才區分成物理學和自然科學。不過，在古希臘時代哲學剛開始的時候，哲學同時包含了這兩個領域的探究。

　　例如亞里斯多德探索了包含物理學在內廣泛的學問，由此便可看出哲學有廣義也有狹義。

　　因此，在哲學剛開始發展的時候，哲學一詞就是泛指整體的學問。

　　現在提到哲學，往往會把它與科學區分開來，就像認識論與本體論之類的分別，預設哲學有固定的研究範圍；但**哲學原本就與科學沒有區別，是廣泛探索整個學問領域的活動**。

　　所以，如今我們在思考哲學時，不要一開始就侷限在狹隘的領域，才能拓展更多可能性。

Column

泰利斯（約B.C.624～B.C.546）及其他蘇格拉底以前的哲學

Part1　明白人生的本質

家，都沒有留下著作，只能從後代轉述的片段來推測他們的思想。其中最著名的文獻是第歐根尼・拉爾修的著作《哲人言行錄》。這本書不僅記錄了哲學家的學說，還敘述他們的生平事蹟，具有雜談的風格。雖然書中內容的真偽有值得存疑之處，但由於沒有其他更可信的文本，因此才成為了解古代哲學必讀的文獻經典。

> **泰利斯**：西元前7－前6世紀的古希臘哲學家。他根據愛奧尼亞的物理學，主張萬物的起源是「水」，也經常被譽為與蘇格拉底不同類型的「哲學之父」。

> **蘇格拉底**：請參照Basic 2。

> **米利都學派**：西元前6世紀左右源自古希臘的哲學學派，因為發展於鄰近愛琴海的城邦國家米利都，故以此命名。代表人物有泰利斯、阿那克西曼德、阿那克西美尼等等。他們探究的是萬物（自然）的始基，所以稱作物理學（哲學）。

> **萬物的起源（始基）**：始基（ἀρχή）是古希臘的概念，最早是由阿那克西曼德提出。

柏拉圖哲學的註腳？

Basic 7

西洋哲學是柏拉圖哲學的註腳——這是探索哲學史時最膾炙人口的一句話，雖然有誇大之嫌，但也不能算是說錯。

英國哲學家**懷海德***在著作《過程與實在》（1929）中提到，**「歐洲哲學傳統中最穩當的特徵，就是它包含一連串對柏拉圖所做的註腳」**[9]。

實際接觸哲學的歷史後，包含反駁柏拉圖的人在內，的確處處可見柏拉圖的影子。

例如研究**亞里斯多德***，就會知道他是**柏拉圖***的學生，同時也是最大的批判者。亞里斯多德有很多思想源自柏拉圖，但都是基於批判而成立。

就這一點看來，亞里斯多德的哲學與柏拉圖對立，實際上並不能否認它有很多依據都是來自柏拉圖。圖示如下。

Part 1 明白人生的本質

圖4　柏拉圖哲學與亞里斯多德哲學

縱觀整個哲學史，柏拉圖與亞里斯多德式的對立不論是在中世紀、近代，還是現代，都不斷重現。例如近代哲學家**萊布尼茲**＊就為了批判英國哲學家**約翰・洛克**＊的著作，而寫下了《人類理智新論》。他在這本書的序文中寫道：

> 雖然《人類理解論》的作者（洛克）說了許許多多很好的東西，是我（萊布尼茲）所贊成的，但我們的系統卻差別很大。他的系統和亞里斯多德關係較密切，我的系統則較接近柏拉圖，雖然在許多地方我們雙方離這兩位古人都很遠。[10]

萊布尼茲與洛克的對比只不過是冰山一角。不論是哪個哲學家，最終都會與亞里斯多德或柏拉圖有所關聯。而且，我們對亞里斯多德的討論也是從他與柏拉圖的關係開始，所以說他是「柏拉圖哲學的註腳」終歸也沒有錯。

從這裡可以看出，在了解哲學史時，大致可以分成柏拉圖和亞里斯多德這兩個起源。

普遍來說，可以簡化成理性主義和經驗主義＊的對立。

圖5 理性主義與經驗主義

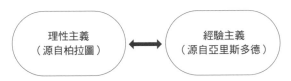

兩者的對立都以各個時代特有的形式顯現，哲學史基本上就是不斷重複兩者的對立。

Column

理性主義和經驗主義的對立不只是顯現在哲學史上，也影響了人工智慧（AI）的設計思想。現在的AI是透過「深度學習」的手法來訓練，強調經驗主義。而以往根據符號主義的AI，是基於理性主義。這麼看來，AI的領域或許也可以說是「柏拉圖哲學的註腳」。

> **阿佛列・諾斯・懷海德**：19－20世紀的英國數學家、哲學家。與羅素合著出版《數學原理》（1910－13），在邏輯學和數學的成就大受讚譽。在之後的哲學研究中注重柏拉圖主義，同樣留下珍貴的文獻。

> **亞里斯多德**：請參照Basic 2。

> **柏拉圖**：請參照Basic 2。

> **哥特佛萊德・萊布尼茲**：17－18世紀的德國哲學家、數學家。在哲學方面提出「單子論」，自行出版的著作僅有《神義論》等少數，留下大量遺稿。

> **約翰・洛克**：17－18世紀的英國哲學家，有英國經驗主義*之父的稱號。其著作《人類理解論》成為日後經驗主義的典據，《政府論》則是社會契約論的必讀經典。

> **經驗主義**：主張人的知識來自經驗，普遍被視為與理性主義對立。從古代的亞里斯多德（經驗主義）和柏拉圖（理性主義）開始，歷史上不斷重現兩者衝突。

> **英國經驗主義**：17世紀到18世紀在英國發展的哲學思想。代表人物為法蘭西斯・培根、洛克、柏克萊、休謨等等。

哲學史要從「轉向（Turn）」來理解

　　康德哲學的特徵當中，最常提到的就是「哥白尼式革命」。革命這個字，是要表達思考模式在根本上的「轉向」。

　　而美國哲學家**理察・羅蒂***，便使用「轉向」來形容20世紀哲學的特徵。

　　羅蒂在整理分析哲學的文集時，寫下序文「語言學轉向（Linguistic turn）*」，使得這個詞開始普及。但這個詞本身並非他原創，只是引用而已。

　　不過，因為這個詞十分吸引人，才會在全世界蔚為流行。當時羅蒂想要發展的是分析哲學，但是這個詞普及以後，便成為代表整個20世紀哲學的特徵。

　　既然20世紀哲學是「語言學轉向」，那該如何理解更早之前的哲學呢？例如德國哲學家**于爾根・哈伯瑪斯***就這麼說過：

> 把科學史上的範式概念應用到哲學史上，並根據「存在」、「意識」

和「語言」對哲學史進行大致分期，這樣做已不足為奇了。（中略）
可以相應地區分出三種思維方式，即本體論、反思哲學和語言學分
析。(11)

　　因此，**在研究哲學史的進展時，只要大致以下列三個轉向為
軸心就能理解了**。這時，在中世紀哲學的部分可能會產生疑
問。

　　如果把中世紀歸類為古代，就屬於「本體論轉向」；如果讓
它獨立，或許可以列入「神學轉向」。

圖6　哲學史的「三個轉向」

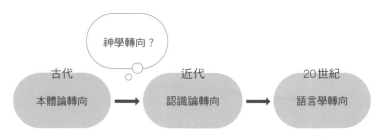

　　到了21世紀，在探討現代到今後的哲學走向時，重點就在
於預設什麼轉向。其實現在的哲學家已經提出了「實在論轉
向」、「自然主義轉向」、「媒體論轉向」等各種選項，但目前還
沒有達成共識。

　　不過，考慮到現代社會的狀況，應該可以歸納成「技術」
吧。如此一來，「技術論轉向」可能會成為指引21世紀走向的
關鍵字。

「哥白尼式革命（Kopernikanische Wende）」是指康德哲學引發的思想革命，並不是康德本身使用的說詞。提到「哥白尼式革命」，一般會讓人聯想到地球的公轉運動，不過在思考康德與哥白尼的對比時，要採用周日運動。要是誤會這一點，就會曲解康德與哥白尼的對比。哥白尼證明的是，仰望所見的星星軌跡，是以觀測者的主觀為準。同理，康德證明在認識論所見的事物（現象），是以認識者的主觀為準。

> **理察・羅蒂**：20－21世紀的美國哲學家。1967年出版論文集《語言學轉向》，使「語言學轉向」一詞廣為普及，直到1979年以哲學家身分發表著作《哲學和自然之鏡》才受到肯定。他重新評估了實用主義，提出新實用主義。

> **語言學轉向**：因羅蒂在1967年出版的論文集《語言學轉向》而流行起來的名詞。這個詞原本是形容20世紀分析哲學的成立，後來被引用來代表整個20世紀哲學的特質。

> **于爾根・哈伯瑪斯**：20－21世紀的德國哲學家，法蘭克福學派第二代成員，強調批判理論。他提出溝通行動理論作為其獨有的哲學思想，經常針對民主主義發表意見。德國思想界的權威，有廣大的影響力。

Basic 9

哲學就是剽竊的歷史嗎？

　　大家在閱讀哲學家的著作時經常會產生一個誤會，就是以為哲學家論述的所有觀點都是原創。愈是有名氣的哲學家，被誤會得愈深。但這可是大錯特錯。

　　再怎麼偉大的哲學家，都會借鑑許多先賢或同時代所出現的構想或比喻，而他們並不會公開承認這個事實。即便他們的論述是在自己的意識中創造出來的，實際上也是以各種形式受到影響才能寫得出來。尤其是**哲學家的核心思想部分，如果借鑑了其他人的說法，幾乎都會刻意隱瞞**。

　　這也是導致哲學理解困難的一個因素。因為我們在讀哲學書時，偶爾會不太明白為何要用這種說法。而這種情況大多數都是作者受到別人的影響。

　　例如**尼采***提出的概念有「超人」、「虛無主義」、「上帝已死」等等，這全部都是拾人牙慧。雖然尼采是特意借鑑來「戲仿」，但他並不是唯一的例子。

還有一個著名的例子，**帕斯卡** * 的《思想錄》與**蒙田** * 的《隨筆集》有很多相似之處，甚至被人說是他把書攤開在旁邊照抄寫成。因此，《思想錄》的段落旁邊還標明了對應《隨筆集》的部分。不過各位要注意的是，這麼說並不是在貶低帕斯卡。

　　話說回來，預設一位哲學家從頭到尾寫的都是原創觀點，這個想法本身就很奇怪。就算是位居哲學史開端的**柏拉圖** *，也深受**蘇格拉底** * 和 <u>**畢達哥拉斯主義** *</u> 的影響。

　　柏拉圖哲學最有特色的 <u>**「理型 *」**</u> 概念，起初就是畢達哥拉斯派先提出的，而柏拉圖其他獨特的思想也是一樣。

　　只要稍微想一下，就可以舉出很多類似的例子。所以，<u>**在了解一位哲學家的思想時，也要考慮到他的歷史淵源和同時代的背景**</u>。哲學家都是在互相影響下形成自己獨特的理論。如果沒有這個理解，就無法理解哲學。

　　從看似原創的哲學家思想當中，發掘出他受到的影響和借鑑的地方，是探索哲學史的一個重要視角。

Column

「戲仿」一詞是指模仿或改編他人的作品。這並不是為了蓋過原始作品所做的模仿，而是在有明確作品出處的前提下，刻意曲解作品的含義以達到詼諧的效果。

尼采在構思代表作《查拉圖斯特拉如是說》的時候，原本是想寫成「悲劇」。不過後來他改變主意，把故事當成「戲仿」來創作。書中主角「查拉圖斯特拉」是引用了歷史上古波斯祆教的創始人，而他的語氣又像是《聖經》。他的中心思想都是引用別人的觀點，正是標準的「戲仿」作品。只要用這個前提來讀這本

書，就能在一本正經的《查拉圖斯特拉如是說》裡感受到幽默了。

> **弗里德里希・尼采**：19世紀的德國哲學家。曾出版從希臘古典文獻學出發、談論古希臘悲劇的《悲劇的誕生》，後來又對此書進行自我批判。主要著作為《查拉圖斯特拉如是說》，主張「上帝已死」、宣稱虛無主義到來。

> **布萊茲・帕斯卡**：17世紀的法國哲學家、數學家、物理學家。遺稿出版為《思想錄》，不過有各種不同的編輯版本。書中用簡短的段落寫出了對人類的細微觀察，被歸類為法國德性論者（moraliste）。

> **米歇爾・德・蒙田**：16世紀的法國哲學家。1580年出版的《隨筆集》，用輕鬆詼諧的文筆寫出精闢的人性觀察，為法國德性論者的始祖。他凡事不下定論，追問「我知道什麼（Que sais-je）？」推展出懷疑主義思想。

> **柏拉圖**：請參照 Basic 2。

> **蘇格拉底**：請參照 Basic 2。

> **畢達哥拉斯主義**：西元前6世紀，由畢達哥拉斯創立的宗教學派裡共通的基本思想。以數學作為原理，將宇宙和人生理解為平衡與協調。

> **理型**：古希臘柏拉圖提倡的基本概念。原意是指「可見形態」，但柏拉圖將之解釋為超越感官、相當於「物自身」的切實存在。

大寫的哲學結束了！

　　哲學對其他學問的作用，隨著時間有很大的轉變。而哲學處理的命題也有歷史上的變化。這個變化大致可以分成四個時代，以下會一一說明。

　　代表古希臘時代的**亞里斯多德***，將哲學視為囊括其他各種學問的「科學」。

　　亞里斯多德研究了邏輯學、物理學、政治學、詩學、辯論術等所有領域的學問，他認為**探討「作為存在的存在」，哲學要負責**指引這些學問。

　　在中世紀時期，基督教大權在握，將神學的地位立於古希臘哲學之上。在這個時代，哲學負責「博雅教育」，作用是為神學鋪路。

　　到了近代，隨著專門科學的發展，哲學開始扮演全新的角色，就是為其他各個學問奠定基礎。

　　這些傳統都是將哲學立於其他學問之上或之下，無論如何哲

學都肩負了重責大任。我們就把這種哲學稱作「大寫的哲學（Philosophy）」。

不過，到了20世紀下半葉，「大寫的哲學」印象卻分崩離析，不光是無法像古希臘哲學一樣引領各個科學，也無法像近代哲學一樣為各個科學奠基。

哲學變成與其他學問同等，只是一個專業領域，被視為「小寫的哲學（philosophy）」。但這時就需要重新確定，哲學究竟是研究什麼樣的專業領域，因為原本的「哲學」並沒有特定的專門領域之分。

Column

德國哲學家**馬丁‧海德格***認為，從古希臘開始的哲學到現代已經結束了。因為哲學原本涵蓋了包含物理學的各種學問，但隨著時代的演進，這些學問都逐漸獨立成為專門的科學，無一留存。例如探索「心靈」的學問，自亞里斯多德的《論靈魂》以來，就是哲學的一個重要領域；然而現在「心靈」卻是由作為專業科學的心理學探討，不再是哲學專屬的研究領域。於是，他認為延續長達2500年的哲學已迎向了終點。不論他的這個判斷是否恰當，我們都需要認真討論何處還容得下哲學的可能性。

> **亞里斯多德**：請參照Basic 2。

> **馬丁‧海德格**：19－20世紀的德國哲學家。為20世紀最著名的哲學家，影響力遍及全世界。1927年發表的著作《存在與時間》，一夕之間在德國聲名大噪。1930年成為納粹黨員，對後世的影響舉足輕重，評價褒貶不一。

人 類
——— Human ———

人
是
什
麼

　　開始探索哲學時，該從哪裡出發呢？這實在是個惱人的問題，畢竟哲學歷史已經超過2500年，內容也包羅萬象。

　　而且俗話說「有多少哲學家就有多少哲學」，這豈不是更讓人找不到哲學的入口了嗎。

　　但這全都是多慮了。20世紀最著名的哲學家之一**馬丁・海德格***在課堂講義《哲學導論》（全27冊）裡提到，「就連我們對哲學一無所知時，也已置身於哲學之中」[1]。

　　因為，「**只要人存在，就一定會不斷地進行哲學思考**」。

　　哲學剛開始並不需要特別的背景知識，我們只要活著就會面

臨各種狀況，並反覆思索應對之道。

即便是看似與哲學毫無關聯的事，也與哲學息息相關。

海德格說，**「身為人就是在進行哲學思考」**。

只要我們活著，就已踏入了哲學之中。也可以說或許我們沒有察覺，但早就已經在思考哲學的各種問題了。

哲學並不是「專門哲學家」的專利，而是**必然會因我們「人」的生存而啟動**。

所以，開始探索哲學時，最首要的是從「人是什麼」開始發想。

縱觀哲學史，可以看出**所有時代都會以不同的形式追問「人」的問題**。古代和中世紀經常探討宇宙和上帝，但總有關注人類的目光隱藏在後。到了近代，對「人」的關心才浮上了檯面。

因此，這一章我們就先來探討哲學家如何理解作為哲學基礎的「人」。

＞**馬丁‧海德格**：請參照 Basic 10。

所有疑問都可以追溯到人

「人是什麼？」這個問題在哲學中占有一席之地。好比說 18 世紀末的德國哲學家**伊曼努爾・康德***，就將哲學區分為「學院意義」和「世界公民意義」。

他將世界公民意義的哲學歸納為下列問題：

（1）我能夠知道什麼？由形而上學回答。

（2）我應該做什麼？由倫理學回答。

（3）我可以希望什麼？由宗教回答。

（4）人是什麼？由人類學回答。

前三個問題可以歸結為最後一個問題，所以也可以將這全部命名為人類學。[2]

哲學領域的區分自古就有各種說法，尤其是「學院意義」的哲學形成了相當複雜的體系。不過，康德所說的並不是專門哲

學家研究的哲學，而是「世界公民意義」上的、全人類都通曉的哲學。

　　由此可見，康德的分類非常簡單易懂。所以本書基本上也沿襲這個分類（唯獨在「我可以希望什麼」的部分稍微更動一下對應的領域）。

圖7　**世界公民意義的哲學**

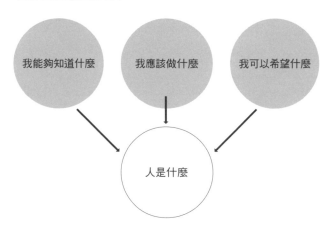

　　這裡特別值得注意的是，**哲學的提問終究都會趨向「人是什麼」**。

　　康德定下的這個形式，奠定了探討人的問題在哲學當中具備的意義。不過，這裡如果要使用「人類學」來表述，需要稍微留意一下。

　　「人是什麼」這個問題，在動物學的範疇裡可能是指調查人類的特質或性格等等。

這種研究稱作「生物人類學」，或者像「文化人類學（這也屬於人類學）」一樣，探索人在社會中的親屬關係。

　　不過，在哲學裡詢問「人是什麼」，意思就完全不同了。

　　哲學認為宇宙、上帝、社會、世界萬物對「人」來說都具有意義，從這個觀點來深入探討。人是一切探索的原點，依據人的狀態，對其他領域的理解也會跟著改變。

　　德國哲學家**馬克斯・舍勒*** 就根據這個意義，提出了「哲學人類學*」。他在1928年舉辦一場演講，講題是「人在宇宙中的地位」，強調**人如何理解自身（人的自我概念），會改變那個人對世界的理解**。

　　遺憾的是，舍勒在這場演講後不久便去世，沒能完成他「哲學人類學」的思想體系，不過其基本構想至今仍備受肯定。

> **伊曼努爾・康德**：請參照 Basic 1。

> **馬克斯・舍勒**：19－20世紀的德國哲學家。提倡哲學人類學，但著作僅停留於構思階段。

> **哲學人類學**：從哲學的觀點來研究「人是什麼」的學問。康德哲學率先將人置於哲學的根本，20世紀的馬克斯・舍勒等人則是繼承這個思想，鑽研哲學人類學。

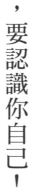

人啊，要認識你自己！

一般來說，我們會覺得自己最了解自己，卻又不是那麼肯定。

尤其我們在看到別人的言行時，也經常會疑惑「那個人真的知道自己在做什麼嗎？」這麼看來，**人最不了解的或許就是自己**。

在古希臘時代，**蘇格拉底***開始進行哲學思想時，最初要求的就是「認識你自己（γνῶθι σεαυτόν）」。這讓蘇格拉底察覺自己有多麼「無知」，並因此開始追求真正的知識。這種態度就是「愛智」的哲學。

開創近代哲學的**勒內・笛卡兒***也鼓吹「認識你自己」。笛卡兒開始投入哲學時，**採取的態度就是評估自己具備的知識是否正確、不相信有任何疑點的事物**。這個立場稱作「方法的懷疑」。

舉例來說，感官獲得的知識偶爾會有偏誤，數學方面的知識也可能會產生誤解。在逐漸排除有疑點的知識時，就連夢境與現實的區別也需要懷疑。

　　實際上，笛卡兒在著作《沉思錄》裡談到，「我愈認真思考，愈不能知道清醒和昏睡之間的差異何在。事實上，我愈想愈糊塗，而這糊塗的感覺，竟與昏睡時的感覺，幾乎不再有兩樣了」[3]。

　　這段話有兩個重點。

　　一個是**在夢中以為是現實的事物，即使後來才明白那是一場夢，在夢中依然有身歷其境的感覺。**

　　另一個是**在現實裡感知事物時，也會認為自己可能在做夢。**就算我知道這是現實，也無法保證這不是一場夢。

　　如果這個觀點繼續延伸下去，**人就會懷疑眼中所見的世界或以為是現實的世界，可能只是一個巨大的幻影**。這個問題後來以各種形式創造出思想實驗、進行論證和批判。

　　有趣的是，這個問題不僅限於哲學，也應用成為科幻小說的題材和電影主題。近年還在技術方面創造出VR（虛擬實境）和AR（擴增實境）。

　　由此可見，笛卡兒所提出的「方法的懷疑」有非常廣大的應用範圍。

Column

美國小說家菲利普・狄克的短篇小說〈We Can Remember It for You Wholesale〉，描寫一個無法區分夢境與現實的故事，後來改編成電影《魔鬼總動員》，由阿諾・史瓦辛格主演。主角的大

腦原本要被植入「假記憶」，但這個記憶反而是他實際經歷過的「真記憶」，故事便由此展開。整個情節讓人分不清哪個記憶是真、哪個又是假。但這種情況應該只會發生在小說和電影裡吧。

> **蘇格拉底**：請參照Basic 2。

> **勒內・笛卡兒**：16－17世紀的法國哲學家，近代哲學之父。他開拓出不同於中世紀哲學的傳統，透過「我思故我在」的命題確立了哲學的原理，開創了主體性的哲學。

人是死刑犯

假設你對一個準備去釣魚的人說：「我直接把你要釣的魚送給你，你不要去了好嗎？」對方真的會欣喜地接受並決定不釣魚了嗎？

我想應該不會吧。說不定他還會生氣地說：「我又不是想要魚！」因為他去釣魚不是為了「魚」，而是為了「釣魚解悶」。

與笛卡兒同一時代的**帕斯卡***，就在他的遺稿集《思想錄》裡寫了這段故事。帕斯卡認為，**人在非常悲慘的處境之下，為了無視這個處境才會「解悶」。**

娛樂、遊玩當然不用說，但工作、讀書，甚至是談戀愛，也都是「解悶」。

如果人沒得解悶，有的只是時間，那會怎麼樣呢。一定會窮極無聊，讓人想要尋求消磨時間（解悶）的目標。例如辭去長年任職的公司（解了悶），結果無事可做，就需要其他解悶的目

標了。

那麼，讓人需要解悶的悲慘又是什麼呢？帕斯卡將人的狀況比喻成「死刑犯」，寫了以下這段話：

> 　讓我們想像有一大群人披枷帶鎖，都被判了死刑，他們之中天天有一些人在其餘人的眼前被處決，那些活下來的人就從他們同伴的境況裡看到了自身的境況，他們充滿悲痛而又毫無希望地面面相覷，都在等待著輪到自己。這就是人類境況的縮影。[(4)]

我們都免不了一死，每天都會目睹別人死亡。這與帕斯卡描述的形象不謀而合。

儘管人類是「死刑犯」，卻也不忍心凝視這個慘狀，所以為了逃避現實而追求「解悶」。如果不能解悶，人生就不只是無聊，還很恐怖了。

人類的這個狀態，在**海德格** * 的著作《存在與時間》裡稱作「向死存有」。人就是向著死亡而生存，無法倖免。倘若如帕斯卡所言，人類朝向「解悶」而活的話，就會陷入非本真的「沉淪」之中。

海德格追求的是從沉淪中清醒，正視死亡、面對本真性（他稱之為「先行決斷」）。

但是從海德格的人生來看，他加入納粹，又四處留情，似乎不必擔心無悶可解。

帕斯卡的《思想錄》裡收錄了許多知名的文章，像是「人類是一棵會思考的蘆葦」、「埃及豔后的鼻子」、「在比利牛斯山的這一邊是真理的，到了那一邊就是錯誤」等等。《思想錄》和蒙田的《隨筆集》同樣都是研究人類的重要文獻，文筆平易近人，推薦大家閱讀。

＞**布萊茲・帕斯卡**：請參照Basic 9。

＞**馬丁・海德格**：請參照Basic 10。

人不是只有意識，也有潛意識

Basic 14

探索人的「心」時，大多會把焦點放在意識。

例如我正在發呆時，有人問我：「你在做什麼？」我能夠回答「我在想午餐要吃什麼」。

這時，我的心靈是只有我才明白的祕密領域。但是在探索人心時，不能只考慮自己已知的意識。

以思考夢境為例，各位應該都有過對夢境內容不明所以的經驗吧。那可能代表夢裡的內容，在當事人絲毫沒有察覺的情況下控制了他的心。這就稱作「潛意識」。

人心不是只有意識，底下也藏著潛意識。

西格蒙德・佛洛伊德＊揭露了人的潛意識，並說明其中的結構。他是活在 19 世紀末維也納的精神分析學家。雖然他自認是科學家，但也可以把他當作哲學家，因為探索心理在傳統上是哲學的工作。

在評價佛洛伊德的成就時，經常會把他與哥白尼、達爾文媲

美。因為他們三位都掀起了對傲慢人類造成精神創傷的革命。

　　哥白尼革命批判了天動說，達爾文革命指出人類具有和動物相似的獸性，佛洛依德革命則是打破了人內心的自我意識威嚴。

圖8　佛洛伊德主張的心靈結構

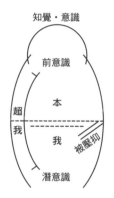

　　根據佛洛伊德的說法，**人心大部分都是「潛意識」，「意識」只有表面的一小部分**。而且「無意識」是由不理智的欲望驅動，人難以駕馭。

　　例如愛因斯坦問佛洛伊德「為什麼會有戰爭」時，他的回答如下：

> 　　人類本能有兩類：那些內斂而一體的，我們稱之為「erotic——愛欲」（中略），或稱之為「sexual——性欲」（中略）；而第二類，是破壞與殺戮的本能，亦即我們理解的侵略與破壞本能。[5]

　　既然人的潛意識裡具備了性欲‧愛欲的本能和破壞‧殺戮的

本能，那人類真的有辦法避免戰爭嗎。

即使訴諸意識的理性主義、鼓吹和平，可能也只是徒勞無功。這樣的話該怎麼辦才好？

了解佛洛伊德的「潛意識」概念後，就不得不從根本重新思考戰爭與和平。

然而，這不僅限於戰爭的問題，**目前的哲學都是以「意識」為藍本來思考**。但是，若人的內心最深處有「潛意識」的話，或許就需要改造哲學本身了。

> **西格蒙德・佛洛伊德**：19−20世紀的奧地利心理學家、精神科醫師。探索人的潛意識，提倡精神分析學，開創「戀母情結」等許多重要概念，對後世的學問影響深遠。

人間（人類）就是人與人之間

　　日語漢字的「人間」意指人，提到人，大家會聯想到的應該不是單一個體的人吧。

　　既然如此，單純用一個「人」字就好，何必畫蛇添足。但為什麼日語還是要說「人間」而不是只有「人」呢？

　　日本哲學家**和辻哲郎***在著作《作為人間學問的倫理學》裡，將「人間」詮釋為「人與人之間」[6]。

　　根據他的觀點，「人間」的基本含義是「人與人之間」，即「世界」和「社會」，是「積非成是才變成人的意思」。所以，如果要問「人是什麼」，就必須釐清人際關係和社會的狀態。

　　這種對人的解讀，最早始於古希臘哲學家**亞里斯多德***。他在著作《政治學裡將人與上帝、其他動物比較，並說道：

> 　　人也是本於自然，而成城邦（政治）動物。（中略）城邦的肇建，就其本性是先於家計和個體。就像是人整副身體與肢體之間的關係，

如果身體毀損，那麼手足就無法存在。（中略）如果有人無法在共同體中生存，或者自認可以自給自足毋須共同體，就不會是城邦的一分子，而這樣的人如果不是野獸，就是神靈。[7]

這裡所說的城邦，相當於現代的國家。這麼看來，亞里斯多德的文章可以解讀成「人在本性上是共同形成國家的動物。不在群體內的就不算是人，而是動物或神祇」。

或許可以這樣想——現代人提到「社會」，也是先以每一個「人」為前提，才形成整體的「社會」。但是，亞里斯多德卻反駁這個觀點，不能將共同性置之度外、只提取出個人。

另一方面，我們當然也不能只考慮群體卻無視個人。這樣的國家宛如幽靈，並不存在。

人的群體，終歸是由人與人之間的各種關係所形成的。

個人與社會都無法單獨存在。**思索個人時總要預設社會，思索社會時總要考量到每一個人**。重點在於，要具體釐清個人與社會有什麼樣的關聯。

Column

和辻哲郎不只解釋了「人間」的意義，還釐清了「倫理」與「道德」的差異。他認為「倫理」的「倫」字意指「人與人之間的正常關係」，所以倫理代表了社會群體的規範。而「道德」只是個人的品行，不具備群體的含義。簡單來說，倫理是社會規範，道德是個人品行。所以，「作為人間學問的倫理學」，就是代表人與人之間的「人間」，所形成的規範社會群體的「倫理學」。和辻在探索漢字語義的同時，也構思了高於個人道德的社會倫理學。

>**和辻哲郎**：19－20世紀的日本哲學家。根據日本特有的群體意識，構思出獨
特的「倫理學」。其風土論也能當作日本文化論來閱讀。

>**亞里斯多德**：請參照Basic 2。

　Part 1　明白人生的本質

人都是作為面具而活

Basic 16

「人」的英語「person」，詞源是拉丁語的「persona」，它的原意是戲劇中使用的「面具」。後來引伸成為劇中的「角色」或「演員」。

之後，「persona」這個詞脫離了戲劇，成為日常生活中也會使用的說法，但「persona」的基本意義依然是「角色」。不過到了近代，「persona」的概念卻逐漸失去了「角色」的含義。

「persona」變成是指稱與「物」有所區別的「人物」，並且開始有了「權利主體」和「行為主體」的含義。現在我們看到「person」這個字，根本就不會聯想到「角色」。

但德國哲學家**卡爾‧洛維特**＊卻反駁近代的解讀，主張要復興「persona」的原始意義。他出版了著作《個體在同胞中的

角色》（1928），依據「persona」來理解個體。

他在書中引用了諾貝爾文學獎得主、義大利劇作家皮藍德羅的戲劇，談到「個人是擁有『面具（persona）』的個體，**本質上是扮演著源自同在世界的角色，存在於現實中**」[(8)]。

我們來具體思考一下「角色」對個體的意義吧。例如，對父母來說我的身分是兒子，對妻子來說我的身分是丈夫，對學生來說我是老師，對上司來說我是下屬。

「總之在根本上，自己的現實存在會隨著應對的他者而異」。人的存在是為他人扮演各式各樣的「角色」。

但是，就算我們接受這個角色概念的意義，那就真的無法脫離角色來理解個體嗎？關於這一點，洛維特分析過的皮藍德羅思想，與洛維特本身的思想之間還是有微妙的差異。

他認為皮藍德羅主張人無法脫離角色來思考個人。劇中的角色說道：**我一直是他人心目中的存在，「我什麼都不是」**。

但是，洛維特本身雖然認同「角色」的意義，卻還是確保了無法擺脫角色的個體獨立性。「角色」究竟是像衣服一樣可穿可脫的外表道具，還是刻進骨子裡無法穿脫的印記呢。如何看待這個觀點，攸關我們對「人」的根本理解。

Column

洛維特分析的是義大利劇作家皮藍德羅的《想想那件事，吉亞科米諾》（1917）。這部戲劇圍繞著龐札先生和妻子（龐札夫人）、岳母佛洛拉夫人的人際關係。龐札先生聲稱現任龐札夫人是在前妻莉娜去世後，再婚的第二任妻子茱麗葉。但佛洛拉夫人表示現任龐札夫人是她的女兒莉娜，龐札先生以再婚的方式第二次娶了莉娜。劇中的高潮就在龐札夫人究竟是「茱麗葉」還是「莉娜」。最後，龐札夫人的答覆更是謎上加謎：「我是龐札先生的第

二任妻子茱麗葉，也是佛洛拉夫人的女兒莉娜。至於我自己，我什麼都不是。」

> **卡爾·洛維特**：19－20世紀的德國哲學家、哲學史家。曾經追隨海德格學習，但因猶太血統而被迫流亡。曾短暫在日本任教。

人是一種匱乏的存在

Basic 17

古希臘的**柏拉圖***在對話錄《普羅達哥拉斯篇》裡，提到希臘神話裡的普羅米修斯和艾比米修斯兄弟的故事。

神召來這對兄弟，要他們「賦予每種動物適合的裝備和能力」，於是弟弟艾比米修斯要求哥哥把任務全權交給他處理。那結果如何呢？柏拉圖的敘述如下：

> 由於他（艾比米修斯）不夠聰明，竟忘記自己已經把應當分配的性質全都給了野獸之類了——他走到人的面前，人還一點裝備都沒有呢，於是他就大感窘困了。正當他無法可施之際，普羅米修斯前來檢查分配的情況，他見到別的動物全都配備適當，唯有人還是赤腳裸體，既沒有窩巢，也沒有防身的武器。[9]

而這個故事最著名的情節就是，哥哥普羅米修斯無法坐視弟弟犯錯，於是為人類「偷了製造技術和火」。

　　這個故事的問題在哪裡呢？其一，**人和其他動物一樣沒有特別的裝備和能力，是一種「匱乏的存在」**。人沒有可以禦寒的毛皮，也沒有翱翔天空的羽翼；無法像獵豹一樣火速奔馳，也沒有獅子一樣的利齒。

　　其二，**由於人是「匱乏的存在」，所以需要「技術」來彌補**。人有一種定義叫作「匠人（Homo faber）*」，對人來說，技術就和人類的歷史一樣古老。技術兩個字看似很像近年才有的成就，但它其實長久以來一直都與人類共存。

　　儘管如此，哲學到目前始終沒有探討過技術，甚至是一直壓抑至今。不過到了20世紀後，技術終於成了思考的主題。

　　德國哲學家**阿爾諾德・蓋倫***完成了這項重要的探討工作。他在著作《論人》（原書1940）裡，將人定義為「匱乏的存在」，藉此發展出他的哲學人類學理論。

　　近年才去世的法國哲學家**貝爾納・斯蒂格勒***，也在他著名的博士論文《技術與時間》裡，強調技術的根本意義。**在現代，已經無法拋開技術理論來探討哲學了**。

Column

哲學家斯蒂格勒的經歷十分奇異。他生於1952年，在1968年為參與學生運動而從高中休學，輾轉做了許多工作後，開了一間咖啡酒吧，卻又經營不善，於是開始酗酒嗑藥。後來他因搶劫銀行被判刑五年。入獄期間，他對哲學燃起了興趣，透過函授教學取得了學士學位。出獄後，他在哲學家雅克・德希達的指導下寫博士論文，後來發表了重要著作，才建立起現在的地位。多麼壯烈的人生啊。我們也因此明白，哲學無論從幾歲開始都不嫌晚，而且任何地方都可以是起點。

> **柏拉圖**：請參照 Basic 2。

> **匠人**：拉丁語為 homo faber，是為了對比「智人（Homo sapiens）」而創造出來的詞彙。自古以來就有這個說法，在 20 世紀則是由馬克思‧舍勒、柏格森等人發揚光大。

> **阿爾諾德‧蓋倫**：20 世紀的德國哲學家。發展出哲學人類學，影響了現代的保守主義。

> **貝爾納‧斯蒂格勒**：20－21 世紀的法國哲學家。媒體和技術方面的知識非常淵博，生涯代表作為《技術與時間》，但未能在生前成書。

人會玩給予和索取理由的遊戲

傳統上在定義人類時，焦點通常都放在「邏各斯」。「邏各斯」基本上有兩個含義。

一個是「話語」，另一個則是「原理」或「理性」。

所以，指稱人是「邏各斯的動物」時，可以解讀成「使用話語的動物」，同時也能解讀成「理性的動物」或是「遵循原理的動物」。

美國哲學家**羅伯特・布蘭登***利用「邏各斯」的二義性，試圖在現代復興「實用主義」。他追尋人與其他動物的差異，定義出「我們」人類的特質是**「受到理由束縛，會服從特有的力量，也就是更好的理由」**[(10)]。

這裡所說的「理由」，英語是「reason」，不過它也意味著「理性」。所以有「理由」就代表「合理」，同時也代表「理性」。

布蘭登的構想，是在對話、討論的場合上，透過話語了解這

種傳統的理性（理由）概念。20世紀的哲學一般稱作「語言學轉向」，會透過話語來思考問題。

布蘭登的哲學就建立在語言學轉向的脈絡上，並融合傳統的理性主義。箇中代表就是「理由空間」的概念。

「理由空間」這個概念，最早是由20世紀中葉的美國哲學家**威爾弗里德・塞拉斯**＊提出，意思是**人會透過話語給予、索取理由**。

為了理解這個空間的範圍有多大，我們可以來思考一下鸚鵡和人的差別。

假設有個紅色物體，鸚鵡看了開口說「這是紅色」。那這個狀況與人所說的「這是紅色」有什麼不同？

光看句子本身，兩者說的都是相同的話語，而且要是給鸚鵡看不同的顏色，牠就不會說這是「紅色」了。既然如此，兩者的差別究竟在哪裡呢？

根據布蘭登的觀點，人在說出「紅色」這個詞時，會進行「這不是黃色」、「這是一種顏色」、「不論深淺都是紅色」之類的推論。鸚鵡雖然說得出「這是紅色」，卻不會進行這些推論。

也就是說，在進行推論這一點，人是置身於「理由空間」裡，而鸚鵡並不在那個空間。

如果人透過這種話語的運用來思考哲學，會發現什麼呢？布蘭登稱這種思想方法為規範實用主義＊，是現代哲學的重要潮流。

Column

我們來思考一下鸚鵡、自動調溫器和人的差別。鸚鵡和自動調溫器都可以適應周遭的環境。受過人類訓練的鸚鵡看到紅色物體會

說「紅色」，看到藍色物體會說「藍色」。自動調溫器在外界溫度上升時，金屬會膨脹、打開降低空調溫度的開關；外界溫度下降時，它會收縮並提高空調溫度。然而，這兩者都無法像人一樣進行推論。人不只是可以適應環境，也具有追尋、回答理由的能力。這也是傳統上人類會被稱作「理性」的根據。

> **羅伯特‧布蘭登**：20－21世紀的美國哲學家。理察‧羅蒂的學生，以推論主義為基礎重新建構實用主義。1994年出版著作《使之清晰》，為規範實用主義的代表作，受到學界高度讚賞。

> **威爾弗里德‧塞拉斯**：20世紀二戰後代表美國的哲學家之一，結合了分析哲學與實用主義的重要人物。最知名的著作為《經驗主義與心靈哲學》。

> **規範實用主義**：現代美國哲學家羅伯特‧布蘭登提出的觀點。把人的溝通視為一場給予和索取「理由」的遊戲，重視思考時的規範（「應該這麼想」的理由）。

「人」就要接近終點了？

　　從「人」開始探索哲學時，有個始終無法忽視的主張，那就是20世紀法國哲學家**米歇爾・傅柯***提出的命題「人之死」。他在1966年出版著作《詞與物》的最後，寫下了這段話：

> 　　無論如何，有一件事是確實的：人並不是已向人類知識提出的最古來和最恆常的問題。（中略）誠如我們的思想之考古學所輕易地表明的，人是近期的發明，並且正接近其終點。（中略）人將被抹去，如同大海邊沙地上的一張臉。(11)

　　「人之死」這個說法，究竟是什麼意思呢？這個詞偶爾會被誤解成作為生物的人類要滅亡。這裡說的人，終歸是概念上的「人」，具體來說是理解以「人」為中心的事物表達方法和思想。

　　根據傅柯的說法，這是近代才出現的想法，由康德直接提

出。如同在Basic 11（「所有疑問都可以追溯到人」）談過的，是康德開始採取從人的立場來思考的觀點。

從歷史脈絡來看，近代的人的立場，源自尼采聲稱的「<u>上帝已死</u>」。

或許**就像尼采所說的，人是藉由「殺死上帝」來建立人本的思想**。近代以前以「上帝」為中心的世界，在人「殺死上帝」以後，才建立了近代以人為主體的思想。

但是，傅柯卻主張近代這種以人為主體的時代就要結束了。如果康德是起點，那麼以人為主體的時代是在18世紀末到20世紀末。整個系統可以表現為**上帝之死→人誕生→人之死**。

那具體上該如何理解傅柯所說的「人之死」呢？可以參考現代德國哲學家彼德・斯洛特戴克的思想。

他在1999年發表的論文《人類園諸規則》裡，將傅柯的「人之死」命題視為「<u>後人類主義</u>」，提出了21世紀的思想方向。斯洛特戴克認為，後人類主義試圖運用生物科技來「超越人類」，同時又透過數位資訊科技來超越近代的<u>人文主義</u>。

這樣看來，「人的終點」這個命題似乎就讓人很有現實感了。

＞**米歇爾・傅柯**：20世紀的法國哲學家。隨著自身思想的發展，從結構主義轉向後結構主義，成為法國現代思想的中心人物。在1966年出版的著作《詞與物》中提出「人之死」，廣受矚目。

知
識

—— Knowledge ——

我能夠知道什麼

人心的運作，通常可以分為三種。

在**康德**＊的時代（18世紀下半葉），**心靈的運作分為知、情、意**，他以此寫成著名的三大批判書（《純粹理性批判》（知）、《實踐理性批判》（意）、《判斷力批判》（情））。

而古代的**柏拉圖**＊提出的**「靈魂三分」是理性、意志、欲望**，以此將國家分為統治階級、衛士階級、一般人民。

康德與柏拉圖的分類，嚴格來說並不完全相同，但兩者的共同點是高度肯定「理性」。因為對人來說，「理性（認識）」就是根本。

所以，亞里斯多德在《形上學》用「認識」破題，寫道「人類天生渴望知識」[1]。

不過，**亞里斯多德***所說的「認識」不僅限於理性，也需要擴展到感官。所以要了解人「對知識的渴望」，就要了解感官。

從歷史來看，強調感官或是理性，形成了**經驗主義***和**理性主義**的對立。經驗主義是從感官出發，探討理性可以藉此了解什麼。

而理性主義是排除感官，將理性的認識視為真理。

這個對立並不是過去式，現代依然不斷發生。因此我們需要的是**同時了解兩者的思想和論據，避免不必要的誤解和混亂。**

這一章，我會談到現在也很常見的討論，給大家在思考具體問題時當作參考。

＞**伊曼努爾‧康德**：請參照 Basic 1。

＞**柏拉圖**：請參照 Basic 2。

＞**亞里斯多德**：請參照 Basic 2。

＞**經驗主義**：請參照 Basic 7。

要掌握事物的本質，而非現象

　　面對新的事件時，我們大多會受到現象的吸引，錯失把握背後本質的機會。

　　例如社會發生巨大的轉變時，人會對每一個狀況產生敏感的反應、驚慌失措，卻遲遲無法理解這件事的本質——造成事件的根本原因（根據）是什麼。

　　柏拉圖 *在《理想國》裡用「洞穴寓言」，提出知識的模型來說明這個狀況。故事裡的人類手腳都被綁住、面向牆壁無法回頭，只能看見實體倒映在牆上的「影子」。人類以為這些「影子」就是實體，永遠無法認識到真實的形態。

　　柏拉圖認為「哲學」的任務，就是把人從洞穴裡釋放出來、面對真實。那麼，與現象（影子）有所區別的「本質（實體）」，究竟是什麼呢？

　　柏拉圖將事物的本質稱作「理型（idea）」，這個詞就是英語

的「idea」的詞源。柏拉圖認為人先天（與生俱來）就有理型的觀念。

例如在思考「狗是什麼（狗的本質）」時，只要收集各種狗、抽取出牠們共同的特質，就能得到「狗的本質」。這稱作意義的抽象理論。

但是，如果打從一開始就不知道「狗的本質」，那要怎麼做得到收集各種狗呢？即使能夠收集，又怎樣才能知道什麼是「狗」的共同點？

如果要讓這個方法可行，人類就必須先認識「狗的本質（理型）」——這就是柏拉圖的主張。

但是，人天生就知道事物的本質（理型），這個觀點卻受到嚴厲的批判。

其中的先驅就是柏拉圖的學生**亞里斯多德***。他在《論靈魂》裡提到，「一塊空白的石版（或木板），說它上面寫著有字，這只能是潛在為有字而已，現實地講，此時板上，一個字也沒有。」[(2)]

這個「一個字也沒有的石版」，後來成為著名的拉丁語「tabula rasa（白板）」，意思是**人心最初是什麼都沒寫的「白板」狀態，透過經驗才開始寫上知識**。所以，亞里斯多德不認同人在出生以前就已經具備「理型」的觀念。

歷史上不斷重演柏拉圖和亞里斯多德這樣的對立，所以我們不必急著知道哪一方才正確，重要的是先了解這種對立是從何而來。

＞**柏拉圖**：請參照 Basic 2。

＞**亞里斯多德**：請參照 Basic 2。

排除偏見，從經驗來思考

　　人的知識到底有什麼用？大家在面對理論或學問時，是不是都有這個疑問呢？倘若哲學不是單純的閒人嗜好，那它的用途究竟是什麼？

　　英國哲學家**法蘭西斯・培根***曾留下「知識就是力量」這句格言。他跟莎士比亞是同一時代的人，兩人的身分來歷都非常神祕，所以偶爾會有人主張他們其實是同一個人，但目前真相不明。另外需要稍微注意一下，還有個同名的現代畫家也叫法蘭西斯・培根。

　　培根的這句格言出自《新工具論》。他在這本著作裡探討的是思考工具，書名源自亞里斯多德的一系列邏輯學相關著作《工具論》，目的是要革新亞里斯多德的思想。培根透過「知識就是力量」這句話，究竟想傳達什麼呢？

　　人類知識和人類權力歸於一；因為凡不知原因時即不能產生結果。

要控制自然就必須服從自然；而凡在思辨中為原因者在動作中則成為法則。[3]

以自然現象為例，如果不知道成因，就只會受到大自然的威力襲擊，無法控制它。人際關係也是同理，如果不明白別人的心思或行動的原因，就無法妥善駕馭對方。

那該怎麼做才能得到這些知識呢？

培根提出了兩個方法。一個是破除「偶像（idola）」，又可譯作幻象，這個詞也是現代「偶像（idol）」的詞源。培根認為**「偶像」是使人類產生謬誤的「成見」**，分為下列四種：

①種族偶像（人性造成的偶像）
②洞穴偶像（自我偶像）
③市場偶像（言語造成的偶像）
④劇場偶像（權威偶像）

光看名稱或許很難想像對吧。

獲得知識還有一個方法，就是透過實驗和觀察來進行歸納。在中世紀通常是採用演繹法，從普遍的前提推導出個別結論。培根批判這種作法，提倡要根據經驗，**從個別事例按部就班導出普遍法則的歸納法**。

因此，培根日後被視為英國經驗主義的始祖。經驗主義的目標，就是排除成見，依照歸納法從經驗中獲得具有普遍性的知識。

Column

經驗主義和理性主義的對立，也可以透過近代常見的地區性劃分，理解為英國經驗主義和歐陸理性主義*的對立。其中最直接

的論爭，發生在英國的**約翰‧洛克***與德國的**哥特弗利德‧萊布尼茲***。

洛克著有《人類理解論》，強調人的知識來自感官與經驗，為英國經驗主義的代表哲學家。而正面反駁這個觀點的，是萊布尼茲的《人類理智新論》，光是書名就充分表現出他的意圖。本書引用萊布尼茲對經驗主義的知名批判：

> 凡是在理智中的，沒有不是先已在感覺中的，但理智本身除外。」[4]

> **法蘭西斯‧培根**：16－17世紀的英國哲學家。英國經驗主義始祖，名言是「知識就是力量」，「偶像」概念也相當有名。

> **歐陸理性主義**：在近代哲學分類中，提出了歐陸理性主義作為對抗英國經驗主義的派系。代表人物有笛卡兒、斯賓諾莎、萊布尼茲等等。重視以數學真理為典範的理性認識。

> **約翰‧洛克**：請參照 Basic 7。

> **哥特弗利德‧萊布尼茲**：請參照 Basic 7。

我思故我在

Basic 22

　　世界就是我們所看到、聽到、感覺到的樣子嗎？或許這一切只是我們自以為是，實際上完全不是這個樣子。我觀看的方式，和你觀看的方式是一樣的嗎？

　　假如我看見一朵花，說「這朵紅花好漂亮」，但要是我身邊的人說「我不覺得」呢？我們兩人眼中的紅花是相同的嗎？還是看見相同的花，但感受方式不同呢？又或者我們的觀看方式根本不一樣？話說回來，要怎麼確定相同還是不同呢？

　　當我們在思考這些時，法國哲學家**勒內・笛卡兒***所說的「我思故我在」就有了很重大的意義。笛卡兒在《沉思錄》中談到，為了獲得絕對確切的知識，需要將自己目前已有的知識通通懷疑一遍，思索它是否為真理。這就稱作「方法的懷疑」。

　　因此，笛卡兒先探討感官的知識，發現它們經常出錯。接著過濾數學的知識，發現它們也可能有誤。在這個討論過程中出現的，就是「夢境的懷疑」，問題在於是否能夠區分夢境與現

實。

笛卡兒為了做到徹底的懷疑，假定了一個「欺騙的妖怪」。

> 我要認為天空、空氣、土地、顏色、形狀、聲音以及我們看到的一切外界事物都是他用來騙取我輕信的假象和騙局。[5]

這句話的意思是，我能說出眼前的圖形是「四方形」、「2＋3＝5」，是因為妖怪製造出這些錯誤來促使我相信。到了這個階段，幾乎可以說**不存在正確的知識**了。

笛卡兒懷疑所有知識到最後，究竟得出了什麼結論？他最後唯一能夠確定的，就是**「正在懷疑的我存在」**，於是他說出了「我思故我在」。這一段非常著名，這裡引用他在《談談方法》裡的說詞：

> 我馬上就注意到：既然我因此寧願認為一切都是假的，那　，我那樣想的時候，那個在想的我就必然應當是個東西。我發現，「我想，所以我是」這條真理是十分確實、十分可靠的，**懷疑派**＊的任何一條最狂妄的假定都不能使它發生動搖，所以我毫不猶豫地予以采納，作為我所尋求的那種哲學的第一條原理。[6]

他從「懷疑一切」頓時一轉，主張**他懷疑的行為證明了「我存在」**。於是，笛卡兒從這個確立的「我思」概念出發，為其他的真理奠定基礎。由於這個論證技巧非常特殊，所以至今仍備受議論。

Column

笛卡兒的討論可以導出錯覺論證。例如我們從正上方往下看10

元硬幣是呈「圓形」，斜著看是「橢圓形」，那我們該如何思考這個情況？這就是錯覺論證。

事實上硬幣真的是「圓形」，只是斜著看會出現「橢圓形」的錯覺。但「圓形」難道不也是其中一種觀看方式嗎？也就是說，從正上方看起來是「圓形」，斜著看是「橢圓形」，兩者只差在觀看的角度，不能代表任何一方才是真實。

各位覺得這兩種說法，哪一個更有說服力呢？

> **勒內・笛卡兒**：請參照 Basic 12。

> **懷疑派**：自古希臘以來，懷疑論始終否定人的認識是確切真理或真實認識，立場會因否定的方式而異。

什麼是「哥白尼式革命」？

當你依據傳統的構想經歷多次嘗試，卻遲遲未有突破時，該怎麼辦才好呢？或許會想試著直接推翻那個構想吧。這種將過去的看法扭轉180度的做法，經常稱作「哥白尼式革命（轉向）」。

而這個形容，源自**康德***在著作《純粹理性批判》裡引發的哲學革命。他聲稱「假定我們目前的認識必須符合對象」，但這個前提卻造成了阻礙。因此，他提議如下：

> 當我們假定對象必須依照我們的知識時，我們在形而上學的任務中是否會有更好的進展。（中略）這裡的情況與哥白尼的最初的觀點是相同的（略）。[(7)]

這段話有點令人費解，不過畫成圖解就很清楚了。總之以前的觀念是「認識要符合對象」，但康德反其道而行、提議「對

象要符合認識」。

我就舉知名的牛頓來說明吧。以前的觀點是①看見對象（蘋果從樹上掉落），認識（思考萬有引力）才成立。但根據哥白尼式革命，康德主張的是②有認識（萬有引力概念），才會明白對象（蘋果從樹上掉落）的意義。

圖9　**認識符合對象，還是對象符合認識**

康德參照數學和自然科學的思維，來解釋這個對比的意義。

傳統觀念（①）是仔細觀察對象，藉此學習對象的存在狀態。但是，觀察對象未必能夠獲得正確的認識。因此，康德提議改用②，**運用自己的思維（像是假設）來觀察對象，檢查對象是否正確**。理解對象的方式，會因採取的假設而不同。

這種思維的轉換，康德解釋其中的差異就像是以學生的身分向老師（對象），或是法官向被告（對象）一樣，提出自己的假設來詢問對象，使對象說出實話。但實際上，如果我們本身沒有建立適當的思想或假設，就無法從對象身上獲得真相。

Column
康德將人具備的思維或假設，視為人類共同的概念和範疇，更具

體來說，比喻成墨鏡或許會比較好懂。就像戴上綠色墨鏡會把對象看成綠色一樣，我們在理解對象時，都有自己的認識裝置，才能認識到對象。

這個觀點在現代稱作「建構主義*」。因為對象的認識是由人類建構而成。

建構主義的思想在近年也滲透到了哲學以外的其他領域，化為多種形式，或許你早已在不知不覺中接受建構主義的思想了。

＞**伊曼努爾・康德**：請參照 Basic 1。

＞**建構主義**：現代稱作社會建構主義。主張現實和事實是透過人在社會上的關係所建構而成，奠基於康德的認識論，後來又加入了各種理論。

眾所皆知
不代表充分認識

Basic 24

　　不論是生活還是工作，依循社會共識或常識是最低限度的判別條件。所以首先要具備普遍通用的知識，之後再加以應用。

　　但是，這種知識和常識也經常阻撓我們，或是我們沒有充分理解這種知識有哪些根據。這時，請你一定要想起**黑格爾***在《精神現象學》裡的警示：

> 　　一般意義上的常識，正因為它是眾所周知的，所以並不是真知。通常的那種自欺欺人的做法，就是在認識活動中把某些東西預設為常識，於是不予追究。[8]

　　在現代資訊化社會，「眾所皆知的事」隨著時間愈來愈多，讓人覺得要是對此一無所知，在社會上就落伍了。因此，我們總是一心一意地搜尋並吸收社會上「眾所皆知的事」。

　　但是，這些知識是否正確，那又另當別論了。大家是否曾經

受限於既有的常識，結果害自己走錯了方向呢？「眾所皆知」的事可能會反過來限制我們。所以，**千萬不能盲信「眾所皆知的事」**。哲學就是因此才會經常懷疑常識。

不過，我們也不可能完全忽略、排斥這種「眾所皆知的事」，況且這麼做也沒有建設性。從時間順序來看，了解「眾所皆知的事」是剛起步的階段。

但是不能一直停留在這個階段，接下來必須懷疑那個知識、探討什麼才是真正正確的。黑格爾將這個過程稱作「認識」。從「眾所皆知的事」轉向「已認識的事」，這就是我們需要哲學的理由。

Column

黑格爾認為，人會強烈受到自己生存的社會和時代影響，無法跳脫這些來談論理想。所以，哲學的課題就是透過概念，來了解時代在本質上的狀態。

他根據這個脈絡，在著作《法哲學原理》的序言裡寫下了著名的「這裡是**羅得島***，就在這裡跳吧！」其實這句話出自《伊索寓言》的其中一個故事，不過偶爾會有人誤解了語意而跟著引用這句話。

雖然我們會想在各種場合上引經據典，不過一定要先確認它的前後脈絡再使用。

> **格奧爾格‧威廉‧弗里德里希‧黑格爾**：18－19世紀的德國哲學家。為德國
  哲學的集大成者，現代哲學的起點就從批判他的哲學開始。他著重於歷史上
  發展的「精神」概念，強調歷史哲學在哲學裡的意義。
> **羅得島**：希臘愛琴海上的小島。《伊索寓言》裡有個羅得島的故事。黑格爾
  在著作《法哲學原理》的序言裡引用故事裡的句子，馬克思也幽默引述同一
  句話，才讓這座島變得有名。

了解概念和理論
對事物造成的效果

提到實用主義*，或許會給人自私自利、見風轉舵（效益主義）的感覺。不過近年來已經有愈來愈多人了解它真正的意義。

實用主義最早是發源於19世紀下半葉的美國，後來以美國為中心開始發展。由此可見，實用主義是美國原生的思想。但如今實用主義已受到全世界肯定，是引領現代潮流的一大思想。那麼，實用主義的主張是什麼？

我們來看看創始人**查爾斯・皮爾士***定義的「實用主義格言」吧。

> 考慮吾人所知概念的對象能有何種效果，具有何種實際作用。我們對這些效果的概念就是我們對該對象的整個概念。[9]

假如說一個物體「很硬」，代表「大多數的東西都無法拉扯、破壞它」。假如說一個物體「很重」，代表「若沒有力量把

它往上拉,它就會掉下去」。從這種具體的「效果」觀點,可以理解「概念」。

在了解哲學和思想理論時,這個觀點可以提供非常有用的視角。例如哲學經常使用抽象的概念,往往令人無法清楚理解它的含義。這時便可以利用實用主義的格言,追尋這個概念具體上會產生什麼效果。

這個格言不僅適用於概念,也能用於理論。我們在詢問某個人的想法或抽象的理論時,偶爾會不知道該如何判斷。這時就要清楚地追尋**「它會造成什麼效果」**。

簡單來說,就是問「它會變成什麼樣子?」「這樣會造成什麼差別?」如果一個新的思想或理論沒有帶來任何效果,或許就可以直接判斷它毫無用處。

始於19世紀末的實用主義,在21世紀的現代以全新的觀點復出,今後可能會成為更加引人注目的重要哲學。

Column

20世紀下半葉,**理察・羅蒂**＊(1931－2007)在美國鼓吹實用主義、掀起一陣全球熱潮。他在1982年出版的著作《實用主義的後果》中,宣稱君臨所有學問之上的「大寫的哲學(Philosophy)」已經告終。

此外,他還一併建議過去長久以來控制了哲學的英國經驗主義、歐陸理性主義的徒勞對立該結束了。羅蒂藉此將實用主義從美國的原生思想,變成全球流行的思想。如今要是輕忽實用主義的重要性,只會暴露自己的無知。

> **實用主義**：19世紀末發源於美國，至今仍影響現代美國哲學的思想。主張思想和思考要與行動連結，強調在實踐關係中進行哲學思考。
> **查爾斯・皮爾士**：19－20世紀的美國哲學家。實用主義的創始人，對邏輯學和數學貢獻良多，在符號學方面也有成就。
> **理察・羅蒂**：請參照 Basic 8。

揭開內隱知識

Basic 26

　　人群中若有熟面孔，我們一下子就會發現他，卻無法清楚解釋自己為何能認出對方，只能說「她（他）就是長那個樣子啊」。

　　我們能認出對方的臉，卻沒辦法清楚說明。匈牙利哲學家**麥可・波蘭尼***稱這種知識為「內隱知識」。

> 　　我對知識的思考起點，始於我們能知道的比能說的要多。這個事實或許已經非常清楚，卻很難正確描述它的意義。[10]

　　我們來設想一下騎腳踏車的方法吧。我們小時候都是三番兩次跌倒、在別人的輔助下不知不覺學會騎腳踏車。當然，我們都知道騎腳踏車的方法。

　　但是，我們卻無法清楚地說明這個方法。

　　英國哲學家**吉爾伯特・賴爾***在著作《心的概念》裡，提出

了兩種知識的區別。一個是「技藝知識（knowing how）」，另一個是「事實知識（knowing that）」。

例如我懂加法，這代表在我看到具體的問題（2＋7＝?）時可以算出正確答案。想當然爾，我沒辦法解釋算術的原理。這就屬於「技藝知識」。

賴爾將這種能力稱作「傾向（disposition）」，它具有If……then 的結構，「如果（If）看到具體的問題，就（then）能給出正確答案」。我們擁有很多這種實踐性的知識，但不代表能夠用語言（事實知識）來充分解釋。

這類知識在學習技能的時候相當重要。俗話說「不要用頭腦，要用身體來記住」，只能像訓練一樣實際動手去體會。

問題在於，該如何理解可以用語言說明的明確知識，和這種「內隱知識」。兩者之間有什麼樣的關聯，還有該如何傳達「內隱知識」。

在職場上，很多重要的事情無法用語言解釋，只能在實踐的經驗中親自體會。這種「隱含維度」非常重要，但目前還無法充分釐清。

Column

「內隱知識」不一定要像訓練一樣再三重複。例如我們見到某人的兄弟或父母，會覺得他們跟某人「有點像」。即使無法嚴密地找出是哪裡像，也能從整體呈現的印象看出他們跟某人「相像」。維根斯坦就曾經討論過這種「家族相似性」的概念。這麼一想，便能知道「內隱知識」就像是我們知識的地基。如果關於各個明確事實的知識，是根據這種直觀的知識而成立的話，那就更需要深入研究內隱知識了。

> **麥可・波蘭尼**：19－20世紀的匈牙利哲學家、社會科學家。1966年出版的
> 著作《隱含維度》非常知名。原本是科學家，曾與愛因斯坦、馮紐曼交流。
> 因擁有猶太血統而在1933年流亡英國，在第二次世界大戰後轉而研究社會科
> 學，提出「內隱知識」的概念。

> **吉爾伯特・賴爾**：20世紀的英國哲學家。日常語言哲學學派的代表，批判身
> 心二元論，提倡行為主義。當時提出的「機器裡的靈魂」一詞相當有名。

範式不同，就像來到不同的星球

Basic 27

　　美國科學史學家**湯瑪斯・孔恩***在著作《科學革命的結構》裡提出的「範式*（Paradigm）」一詞，是對20世紀影響最深遠的概念。這個詞不僅限於專門的科學史學，也廣泛運用於哲學及其他人文學科領域，還在文化與民俗領域掀起熱潮，說法就像是「今年的領帶設計，是採取和去年截然不同的範式」。

　　但是，提出這個詞的孔恩卻不顧「範式」概念的流行，在《科學革命的結構》第二版改掉了「範式」這個詞。這個概念原本就被批判語意模糊，所以在釐清它的定義以前，孔恩才不願意繼續使用。不過考慮到這個詞的影響力，比起嚴謹地定義概念，他反而把焦點放到了這個詞的普遍用法。

　　孔恩原本是為了解釋自然科學的歷史，才會著重在引領科學研究的「範式」，這裡所謂的「範式」，意思是範例。而**一般大眾則將範式擴大解釋成「思想的基本框架」、「概念框架」、「知識的依據」**，就是在認識事物時，我們會依循自己的「範式」

來理解的意思。

　　孔恩用「範式」的概念，將自然科學的歷史劃分為兩個時期。一個是「範式」有根本性的轉變，稱作「科學革命」時期；另一個是依尋「範式」發展科學的階段，稱作「常規科學」時期。孔恩的觀點圖解如下：

　　科學革命（範式轉移）→常規科學（範式引領的活動）的發展→出現不合常規的事例→出現競爭範式→科學革命（提出新範式）[11]

　　孔恩提出「範式」概念時，同為科學史學家的諾伍德・羅素・漢森提出了「負載理論」，主張即便是在科學觀察和實驗裡，也要以「理論」為前提。我們就參考漢森在著作《發現的模式》裡使用的圖片，來理解這個觀念吧。[12]

　　例如圖①可以看成年輕女士，也能看成老婦人，有兩種觀看方式。②也是一樣，可以看成兩張人臉，也能看成一支花瓶。之所以有不同的觀看方式，套用孔恩的概念，是因為「範式」不同。漢森還提出了圖③，你覺得看起來像什麼呢？漢森的說法是，如果你負載了「人臉」的理論，就會看出一張人的臉，看見的模樣因人而異。

　　到這裡可以得出什麼結論？孔恩認為「範式」是由一定的群體共享，當範式相同時，彼此就能互相理解。但若是範式不同，就無法互相理解。他將這種狀態形容為「範式不同，就像來到不同的星球」，人類要互相理解就是如此困難。

圖10 概念或語言造成不同的觀看方式

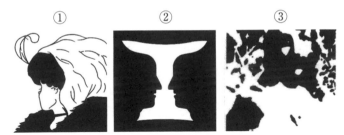

出處：①yukeee／PIXTA，②Pekamaro／PIXTA，③諾伍德·羅素·漢森《科学的発見のパターン》

　　但科學哲學家**卡爾·波普爾**＊將這種思想批為「架構的神話」。[13]不只是在科學理解方面，也會在理解不同文化時造成問題。在全球化發展的今日，需要重新探討這個理論。

> **湯瑪斯·孔恩**：20世紀的美國科學史學家、科學哲學家。1962年出版的著作《科學革命的結構》風靡全球，他在書中使用的「範式」一詞成為流行語。他將科學的發展劃分為範式轉換的科學革命時期，以及依循範式的常規科學時期，提出了全新的科學史風貌。

> **範式**：1962年湯瑪斯·孔恩在著作《科學革命的結構》裡提出的概念。孔恩用多種含義來使用這個詞，遭批概念模糊不清。一般的意思是指稱概念圖式或架構，為思想的基礎概念。

> **卡爾·波普爾**：20世紀奧地利出生的英國哲學家。在科學哲學提倡「可否證性」理論，並出版社會哲學著作《開放社會及其敵人》，大幅影響各個領域。

Basic 28

有辦法避免「明希豪森三難困境」嗎？

每個人在小時候應該都會不停問大人「為什麼」吧。

比如當小孩被罵「不可以欺負別人」時會問「為什麼」，這時大人就會教育小孩「你也不喜歡被欺負吧，所以不要對別人做自己也討厭的事情！」（「**黃金律***」）

要是小孩頂嘴：「我要是被欺負就會欺負回去！」然後再次追問為什麼不可以的話，大人會怎麼辦呢？大概解釋了各種理由，最後只能強行阻止小孩說：「不行就是不行！」

但是仔細想想，大人這種態度實在不值得鼓勵。實際上這種經驗背後有個根本的理由，並不僅限於面對小孩。

德國哲學家**漢斯・阿爾伯特***在著作《批判理性論》裡，提出了「明希豪森三難困境」。

他認為，不論是為哪種知識賦予正當性，「最後都會面臨令人難以信服的三選一局面，也就是陷入三難困境」[14]。

圖11　明希豪森三難困境

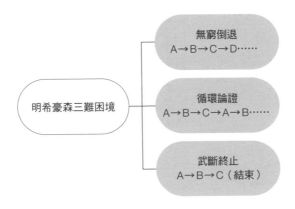

具體來說，這三難是「1.無窮倒退、2.邏輯性的循環論證、3.武斷終止」，後面就來一一說明。

「1.無窮倒退」是指**不斷回答問題，但不論回答多少次都會受到質疑，永無止盡**。

「2.邏輯性的循環論證」是指**論述途中又重提前面的理由，再次循環**。

最後的「3.武斷終止」則是**在基礎尚未奠定完成時結束說明，不再提出更多理由**。

仔細反省一下，不只是對別人，我們自己也經常用這些方式來討論。由此可見，**在討論中隨時都可能需要重新追尋知識的根據**。換句話說，沒有任何一個理由能夠結束討論。我們必須經常意識到這一點才行。

但是，不能因為提不出最後的根據，就陷入循環論證，或是

武斷終止來放棄說明。不停重複追尋自己和對方的意見根據，
這個態度才是重點。

> **黃金律**：散見於許多宗教、道德、哲學的行動方針，即「要人怎樣對待自
　己，就要怎樣對待別人」的規則。

> **漢斯‧阿爾伯特**：20－21世紀的德國哲學家。主張批判性理性主義，批判基
　礎主義。最著名的論證是「明希豪森三難困境」。

Chapter3

道
德
——— Moral ———

我應該做什麼

不論是私生活還是工作場合，我們每天都要面對「這樣好嗎？」「這樣對嗎？」的疑惑。

例如「可以為了掩護朋友而撒謊嗎」、「應該檢舉公司違法嗎」等等，道德哲學或倫理學就是在思考這些問題。

道德和倫理學是哲學自古便開始研究的重要範疇。蘇格拉底的哲學也追求「不能只是活著，而是要活得好」。那該怎麼做才能「活得好」呢？「活得好」又是什麼意思，這實在令人摸不著頭緒。

現代通常將主要的道德學說分成三大立場。在詳細解釋各個學說以前，我先來簡單介紹它們的概要。

我們先來看功利主義和義務倫理學。**功利主義是注重行為的**

結果，藉此判斷善惡。而**義務倫理學是根據行為本身來判斷善惡，不在乎結果**。功利主義和義務倫理學，對於具體行為的觀點經常發生衝突。為了幫助大家深入理解，我們來進行一個「電車問題」的思想實驗吧。

　　一輛煞車失靈的電車在軌道上行駛，前方有5名工人在施工，若電車繼續前進就會直接輾過他們。不過我可以按下切換鐵軌的開關，讓電車前往另一條軌道。但是，另一條軌道前方也有1名工人。（切換軌道版本）
　　一輛煞車失靈的電車在軌道上行駛，前方有5名工人在施工。而橫跨軌道上方的天橋上有個胖子，我只要把他推下去，就能阻止電車行進。（天橋版本）
　　在這兩個例子裡，我該怎麼做才好？

　　問卷調查的結果，大多數人在切換軌道版本都是採取功利主義的思維，選擇改變軌道、犧牲1個人。然而在天橋版本裡，多數人都採取義務倫理學的思維，認為不該讓無辜的胖子犧牲，於是選擇對5人見死不救。同樣都是「5條命或1條命」的選擇，但行動卻會因為道德考量的不同而改變。近年來，不同於這兩個道德學說的第三種「德性倫理學」廣到矚目。這個學說最早可以追溯到柏拉圖和亞里斯多德的古希臘時代。德性倫理學探討的不是該做什麼行為，而是身為一個人該如何才能成為「善人」。

　　接下來我們就來看具體的理論內容，不過還是請大家要注意這三種道德學說的定位。

倫理與道德有什麼差別？

　　高中以下的學校會教授「公民與道德」和「生活與倫理」。那「道德」和「倫理」是一樣的嗎？

　　兩者光是名稱就不一樣，所以不能說是相同。雖然我們總在不經意中使用這些詞彙，卻又說不出它們有什麼差異。我們會有很多機會遇到這個問題，所以就在這裡重新確認一次吧。

　　字典裡對這兩個字有各種釋義，不過「道德（moral）」最早是翻譯自拉丁語（mores），「倫理（ethics）」則是翻譯自希臘語（ethos）。而且拉丁語和希臘語都是指習慣、規範、習俗的意思。所以姑且先不論每個人的語感，它們的意義倒是沒有什麼差別，只是詞源不一樣而已。

　　因此，我們通常不會特地區分「道德」和「倫理」，兩者具有互換性，不論用哪個都不會出錯。有時候「道德」是指具體的場面，「倫理」則被視為抽象的理論，但字面上並沒有這個差異。

　　不過從歷史來看，還是有哲學家會嚴格區分兩者。日本哲學家和辻哲郎在《作為人間學問的倫理學》裡提到，「用倫理一詞表述單純的個人主觀道德意識，極為不當」，並解釋「倫理是人與人之間的道，是秩序，使各種關係得以成立」。[1]

　　和辻認為「倫理」是建立在「每個人的社會關係」上，以此區別個人主觀的「道德」。這個觀點承襲自德國哲學家黑格爾的區別方式（「個人・內在的道德」與「社會性・規範性的人倫」）。

　　但是，這未必是正確的定義。現代法國哲學家米歇爾・傅柯和吉爾・德勒茲，與和辻、黑格爾採取截然相反的觀點。他們認為**「道德（moral）」是要求每個人遵守的社會規範，而「倫理（ethics）」是不願遵循規範、選擇個人的生活之道」**，即社會道德與個人倫理的對比。

　　根據個人的語感，哪一個最接近你的用法呢？既然詞源上沒有分別，那就只能依各自的解讀來使用了。但不論怎麼區別，都不是唯一正確的答案。

圖12　**道德和倫理**

	道德（moral）	倫理（ethics）
詞源	拉丁語	希臘語
含義	習慣、規範	習慣、規範
和辻・黑格爾	個人主觀	社會客觀
傅柯・德勒茲	社會規範	個人的生活方式

己所不欲，勿施於人

　　傳統的「道德」裡，有一項規範叫作「黃金律（Golden Rule）」。例如「己所不欲，勿施於人」、「想要別人怎麼對待你，就怎麼對待別人」。

　　這個觀念是普世共通的，自古以來就用各種形式提及。像是基督教說「要人怎樣對待自己，也要怎樣對待別人」，伊斯蘭教說「不想受人危害，就不要危害別人」。

　　不論是家庭還是學校，在教育小孩時也常常以「黃金律」為最終依據。假如小孩撒了謊，大人會責罵小孩，但要是小孩不服氣、反問「為什麼不能說謊」呢？

　　父母和老師大概就會引用黃金律來曉以大義了吧。

　　「如果有人騙你的話，你有什麼感覺？會很生氣吧。所以你也不要說謊欺騙別人喔。」

　　但是，小孩真的能接受這個道理嗎？

「黃金律」在很多場面確實萬用，但其中卻隱藏著一個徵結，即**前提是「我的希望」和「別人的希望」是一樣的**。

反過來說，若是這兩者不同，黃金律就無法成立。

劇作家**蕭伯納***就曾經用反諷的方式指出這一點。他說：

> 不要把自己的願望加諸在別人身上，畢竟不是每個人都擁有同樣的品味。[2]

在現代社會，每個人的感性和喜好都各有千秋，未必相同。有人喜歡運動，也有人討厭運動；有人是異性戀，也有人是同性戀。

因此，要找出所有人都共通的喜好就愈來愈難了。既然如此，我們不一定能借助黃金律來成功要求每個人都遵守道德。

若是願意聽從父母和老師的孩子，也許還能接受黃金律，但會反抗師長的孩子就難了。

因為當這個根據受到質疑時，我們未必能夠給出明確的答案。如果非得要使用黃金律，就必須做好這個心理準備，否則可能會自找麻煩。

> **蕭伯納**：19－20世紀的英國劇作家、評論家。1912年完成的作品《賣花女》，後來改編成電影《窈窕淑女》。1925年榮獲諾貝爾文學獎。其作品都帶有濃厚的諷刺意義。

不傷害他人的前提下，有做任何事的自由

在思索人的自由時，直到現在依然影響深遠的，就是**約翰・斯圖亞特・彌爾***的自由理論。只要問「什麼是自由」，大多數人應該都會回答他的主張。彌爾用了「傷害原則」來解說「自由」的概念。

> 這條原則就是：人類之所以有理有權可以各別地或者集體地對其中任何分子的行動自由進行干涉，唯一的目的只是自我防衛（self-protection）。這就是說，對於文明群體中的任一成員，所以能夠施用一種權力以反其意志而不失為正當，唯一的目的只是要防止對他人的危害。[3]

這個思想的基本，就是**一個人的行為只要不危害他人，就不該加以干涉**。只有在他意圖危害他人（例如殺人）時，才必須禁止。另一方面，**當一個人可能危害到他自己時，即使那個行為**

對他毫無益處，也不能干涉。這就是禁止「家長主義」。

「家長主義」是指父母為孩子著想，而在各方面插手的行為。

日本很常見家長主義的行為，但是根據彌爾的觀點，必須要讓當事者本人自己負責決定。所以，彌爾的立場簡單來說，又可以稱作「自我決定論」，而從結果來看也是「自我責任論」。

彌爾的思想前提是，成年的大人具備對行動的判斷力。對於這個能力還不充分的孩子，才可以施行「家長主義」。

沒有判斷能力的孩子需要受到家長主義的保護，而（應該）有判斷能力的大人才能擁有自由。即使結果可能會危害到當事者本人，也要「自行負責」。

這個自由理論，在日本引申成「只要不給人添麻煩，做什麼都可以」。但問題在於如何定義「麻煩」或「危害」。

假設有個不洗澡、全身散發異味的人搭上電車，那就是給周圍的乘客添「麻煩」。但我們不能說「不洗澡的人會危害他人，要禁止他搭電車」。如何定義「對他人的危害」，或許就是彌爾的自由理論要面臨的考驗。

Column

彌爾將邊沁提出的功利主義轉往新的方向發展。邊沁的功利主義是計算快樂與痛苦的分量，會讓人質疑單純的計算是否妥當。好比說吃飯得到的快樂、閱讀得到的快樂，能否屬於同一種性質。於是彌爾主張把重點放在快樂和痛苦的性質差異，藉此來計算效益。他曾說過「寧做不滿的人類，不做滿足的豬玀；寧做不滿的蘇格拉底，不做滿足的蠢人」。據說在某大學的入學典禮上，這句話被改編成「寧願做苗條的蘇格拉底，也不做一頭肥胖的豬！」

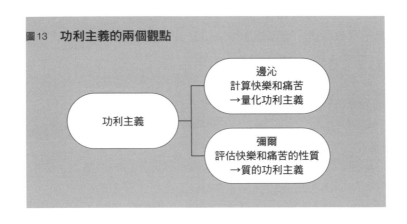

圖13　功利主義的兩個觀點

```
                              ┌─────────────────┐
                              │      邊沁        │
                              │  計算快樂和痛苦   │
                   ┌──────────│  →量化功利主義    │
┌──────────┐       │          └─────────────────┘
│  功利主義  │───────┤
└──────────┘       │          ┌─────────────────┐
                   │          │      彌爾        │
                   └──────────│ 評估快樂和痛苦的性質│
                              │  →質的功利主義    │
                              └─────────────────┘
```

> **約翰・斯圖亞特・彌爾**：19世紀的英國哲學家。繼承了邊沁的功利主義並導

入新的觀點。1859年出版的著作《論自由》，至今仍是重要的經典文獻。

強、弱者各自的道德： 到底是統治的工具還是 怨恨？

Basic 32

「道德」一詞，總讓很多人覺得不可靠，其中一個原因就是道德會剝奪個人自由、強制要求大眾遵守社會規範。

這是自古以來就有的思想。

例如**柏拉圖***在《理想國》裡用了以下這段話，表達「正義」是「統治階級的利益」。

> 這種正義每一個國家都有的。因此，所謂的正義也就是政府的利益。然而，沒有哪一個政府是沒有權利的，正義既然是政府的利益，那麼不就是強者的利益嗎。[4]

這個結論，似乎在現代也通用。

國家、各種組織團體在要求道德和規範時，經常會展現出權力統治的立場。統治者以道德之名獲取利益，服從道德的人就像是被宰割的牲畜。

對此，**尼采**＊主張「道德」源自於<u>弱者的無名怨憤</u>。尼采認為善惡原本並不具備道德上的意義，而是用「好壞」來表現。[5]

的確，運動方面的「好選手」就是「優秀的選手」，「壞選手」則是「能力低劣的選手」。所以「好＝優秀＝強，壞＝低劣＝弱」。

然而，低劣的弱者無法憑實力取勝，只能用其他方式貶低強者。也就是弱者群聚（畜群）說悄悄話、私下詆毀強者。

於是強者成為惡人，弱者成為善人，「道德」因應而生。就像身為弱者的我們都懂得同心協力，擁有一顆親和的心。**道德無非是弱者用來讓自己具備正當性的工具**。實際放眼全世界，隨處都可以見到「來自怨恨的道德」。大眾媒體、學校、左鄰右舍、職場，所到之處都散布著「弱者的無名怨憤」，試圖占據正當的地位。

圖14　**柏拉圖和尼采**

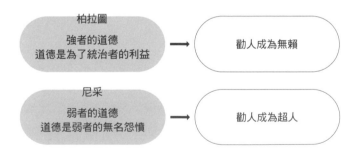

　　既然如此，我們豈不是別遵守道德才是為自己好嗎，這就是「勸人反道德」。另一方面，柏拉圖說「〈正義〉是強者的利益；反之，〈不義〉才是為了自身利益，可以占到便宜」，但這看來似乎是「勸人無賴」。

　　尼采呼籲要擺脫弱者的無名怨憤、前往「道德的彼岸」。雖然他是想「勸人成為超人」，但具體來看，似乎還是「勸人無賴」吧。

＞**柏拉圖**：請參照 Basic 2。

＞**弗里德里希・尼采**：請參照 Basic 9。

用結果衡量好壞

在探討道德時，經常會發生意見衝突。對於同一個行為，有人覺得沒問題，也有人叱責不妥。比如我們可以看看以下這個例子。

> 醫院裡有1人份的重症用藥物，正當醫生準備拿藥來救助病患時，突然有5名病患送進醫院來。他正在考慮要不要把藥分成5等份，試著拯救更多人（如果藥物再細分下去，誰也無法得救）。
> 在無法預期會有藥品補給時，該怎麼辦呢？

有人覺得應該按照住院順序和重症程度用藥；也有人認為應該分成6等份，人人平等。

前者可以救1人，其他5人無法得救。後者因為藥效不夠充足，結果6人全部死亡。如果是功利主義，就只會考慮到結果，主張將藥分成5等分、救5個人是最好的。這種重視結果

的思想稱作結果主義。

功利主義**會計算結果的功利效益，藉此來判斷行為的善惡。**這裡有兩個重點，一個是依照「快樂」與「痛苦」的總合來決定善惡。功利主義的創始人**傑瑞米·邊沁***的說法是：

> 只有它們（快樂和痛苦）才指示我們應當幹什麼，決定我們將要幹什麼。[6]

另一個重點，是在計算「快樂」和「痛苦」的總和時，要包含所有相關的人。**不能只顧慮自己，而是要考慮大多數人的利益**。

功利主義經常被誤會成「利己主義」，但事實上它會考慮全體的利益，所以應當稱之為「公益主義」。如果一個對我有利的行為，對所有相關的人來說不是利益的話，那就不能算是好的行為。其思想重點整理如下：

功利主義的重點

①結果主義

②計算快樂和痛苦的總和

③全體的效益主義

光憑事實無法解決道德爭議，所以經常會發生情感衝突，畢竟「好壞」的基準因人而異。邊沁為了突破這個僵局，才會提出「快樂和痛苦」作為取信於大眾的基準。

於是，功利主義採取了「計算快樂和痛苦」的客觀原則，主

張道德也能用科學的方式討論。

Column

功利主義的基準是「快樂和痛苦」，所以公益的適用範圍並不僅限於人。換言之，能夠感受到快樂和痛苦的所有生物都適用。具體來說，動物也同樣有快樂和痛苦，所以必須考慮牠們。這個範圍不是以人類為主，而是涵蓋所有能感受快樂和痛苦的生物。因此，功利主義者包含了**彼得・辛格***這類提倡解放動物的人，也有不少蔬食主義者。所以，功利主義和現代的環保運動也有密切的關聯。

> **傑瑞米・邊沁**：18－19世紀的英國哲學家、法學家。提倡功利主義作為其哲學思想，主張「最大多數的最大幸福」。代表作為1789年出版的《道德與立法原理導論》。

> **彼得・辛格**：20－21世紀的澳洲哲學家。在20世紀下半葉的環境哲學與生命哲學領域發展出革命性的討論，因而廣受矚目。從功利主義的立場批判人類中心主義，提倡解放動物。

遵循可普遍化的原則

Basic 34

　　對於行為的善惡判斷，德國哲學家**伊曼努爾・康德**＊採取了不同於功利主義的思維方法。康德在道德哲學提倡「義務倫理學」，至今仍影響深遠。為了方便理解他的思想，我們就舉個例子來看看吧。

　　假設有個被追殺的朋友Ａ逃到我家，拜託我掩護他。後來殺手追到我家來，問我「Ａ在這裡嗎？」這個時候，我「可以撒謊嗎？」

　　康德要問的是，是否可以為了救朋友而騙人。

　　而他的回答是「不該欺騙」。這個答案乍看之下毫無道理，但康德的解釋是「只依據那些你可以同時願意它成為普遍法則的準則行動」，我們要面對的是義務的觀念。(7)

　　雖然他說得有點令人費解，不過大家都能了解其中的重點。例如人在思考行為的善惡時，常常只會憑自己的處境來判斷，「我可以但別人不行」。因此，康德**要求大家不能只顧自己，**

要思考「別人是否也能做跟我一樣的事」。這就是「普遍的法則」。

如果我可以撒謊，當然別人也可以撒謊。這樣人際關係和社會真的能夠成立嗎，應該會讓整個社會充滿謊言，不能相信任何人吧。

所以，康德不接受只允許自己騙人，卻禁止別人欺騙。這就稱作「定言令式」。

康德的義務倫理學不注重行為的結果，而是以行為本身，甚至以行為的動機來判斷善惡。例如康德並不認同善行的動機是為了贏得讚美。發自內心去做所有人都認為應當做的事——這就是康德心目中的「善」。

康德的義務倫理學，是判斷時不考慮行為的結果，所以一個弄不好可能會導致悲慘的下場。即使動機良善，結果也可能糟糕透頂。

例如在剛才「可以撒謊嗎」的例子當中，如果我誠實回答「他在我這裡！」朋友就會被殺掉了。即使如此，康德也堅定不移。「應該所以得做」，這就是康德的義務倫理學。

Column

> 這個是否對殺手說謊的例子，是康德哲學裡最受抨擊的思想。**邁可・桑德爾***在他著名的「正義課程」裡，為這個例子提出了新的詮釋，簡單說就是不撒謊又不會讓朋友被殺的方法。具體而言，就是用模稜兩可的回答讓朋友躲過一劫，像是「我剛剛在那條路看到他」之類的。這個說法的確不算欺騙，而且也沒有表明朋友躲在家裡，所以可能有機會蒙混過去。不過值得存疑的是，殺手是否善良到會相信桑德爾的說詞呢？

> **伊曼努爾・康德**：請參照 Basic 1。

> **邁可・桑德爾**：20－21世紀的美國哲學家。1980年代出版《自由主義與正義的侷限》，批判自由主義的思想，提倡社群主義。21世紀出版了以「正義課程」的課堂討論形式寫成的《正義：一場思辨之旅》，蔚為話題。

如何成為「善人」？

自古希臘以來，一直都在追尋「如何成為善人」，藉此探討道德的問題，也就是追求人應當擁有的「善」。這就稱作「德性（卓越性）」，歷史上有過許多德性的探討。

例如亞里斯多德將智慧和勇敢、節制和正義視為人應該具備的「德性」。中世紀的基督教將信仰、希望和愛視為美德；現代可能是將勤勉、誠實當作美德。德性的內容會隨著社會和時代而改變。

但即使「德性」的內容變了，其意義仍始終如一。我們來看看**亞里斯多德***對「德性」的解釋。

> 每種德性都既使得它是其德性的那事物的狀態好，又使得那事物的活動完成得好。比如，眼睛的德性既使得眼睛狀態好，又使得它們的活動完成得好。因為有一副好眼睛的意思就是看東西清楚。（中略）人的德性就是既使得一個人好又使得他出色地完成他活動的品質。[8]

　由此可見，**「德性」就是使事物得以充分發揮功能、狀態良好的「卓越性」**。但是，「德性」並非一夕之間就能養成，必須透過「習慣」鞏固。而這就是教育的重責大任，但教育要做的是幫助培養習慣，而非傳授理論。

　不過，著重於「為人之善」的道德理論，在近代以後就式微了。

　取而代之成為近代主流的，是功利主義和義務倫理學。**兩者都注重「行為」，探討「該做什麼、是否該做」**。然而，這些思想在20世紀下半葉受到批判，因此傳統的「德性倫理學」又再度復甦。

　「德性倫理學」探討的是全體人類的善，但是並沒有提出具體的行為方針，雖然聲稱「有德之人所做之事皆為善」，卻沒有回答「實際應做的事」。所以，必須重新檢視作為倫理學的「德性倫理學」，適用的具體場面範圍有多大。

　亞里斯多德認為，德性是沒有過與不足的「中庸」，並列舉了幾個德性的例子。這個觀點在現代似乎比想像中更通用。

圖15　**超過‧中庸（德性）‧不足**

超過	中庸（德性）	不足
魯莽	勇敢	膽小
放蕩	適度	遲鈍
無恥	謹慎	害羞
獲利	正義	損失
散漫	大方	小氣
虛榮	自豪	卑屈
奸詐	深思	老實

＞**亞里斯多德**：請參照 Basic 2。

道德已死，凡事都可能

Basic 36

　　哲學家在討論道德時，一般都是以道德的意義為前提，用各種例子來表達哪些行為才是善。但19世紀末的德國哲學家**弗里德里希・尼采***，卻從根本否定了這個前提。

　　尼采最著名的一句話是「上帝已死」，**這裡所說的「上帝」並不是宗教上的神，而是指有絕對價值的概念**。例如「絕對的真理」、「絕對的善惡」、「絕對的美」，都已不再成立。所謂的「絕對」，是不受時空所限、「隨時隨地都合理」的意思。若僅限於現在或這裡，就不是絕對。

　　現代人應該大多都認同尼采的思想吧。尼采稱這種現象為「虛無主義」，預言在20世紀或21世紀將會流行。現代沒有絕對的基準，反而認為一切都有可能，這正顯示出尼采預言的正當性。他以虛無主義的立場談論的「道德」觀點如下：

　　　反對實證主義，它總是停留在現象上，認為「只有事實」；而我會

說：不對，恰恰沒有事實，而只有闡釋。(9)

尼采的思想原本就包含了「透視主義*」，主張每個人看見的事物會因觀察立場、角度而不同。「道德」當然也不例外，所以對道德（善惡）的理解也會因立場而改變。因此他才會用「闡釋」來表達這個意思。不存在所有人都能認同的客觀事實，有的是依每個人的觀看立場、角度而改變的闡釋。

道德沒有客觀的基準，只有闡釋，那這樣就無法判斷「對錯」了。如果徹底發展這個觀點，我們就沒有明確的理由能夠回答「為什麼不能殺人」了。

因此，哲學家阿多諾和霍克海默在合著的《啟蒙辯證法》當中，如此談論尼采的思想：「任何反對殺戮的基本論斷，並不想掩飾和壓制，而是想遍野疾呼源自於理性的不可能性。」

Column

「如果沒有神，凡事都可能。」

這句名言出自俄羅斯文豪杜斯妥也夫斯基的小說《卡拉馬助夫兄弟們》，這本書也可以說是用文學來表現尼采的虛無主義。第二次世界大戰後的法國哲學家尚－保羅・沙特，認為這句話是「存在主義」的起點。如果現代是沒有神的時代，那在「凡事都可能」的狀況下該如何判斷善惡？這是現代人必須要面對的艱難課題。

> **弗里德里希・尼采**：請參照 Basic 9。

> **透視**：請參照 Introduction。

道德判斷只不過是鑑賞判斷？

現代有一種關於道德的思想叫作「情緒主義＊」。如果尼采的「道德」理論是硬性虛無主義（徹底懷疑道德）＊，那麼道德的「情緒主義」就可以稱作軟性虛無主義＊。

最早提倡軟性虛無主義的是20世紀英國哲學家**阿爾弗雷德·朱爾斯·艾耶爾**＊。他在著作《語言，真理與邏輯》（1936）裡區分了「事實判斷」與「道德判斷」，並舉了以下這個例子。

「你偷錢是做錯了。」(10)

這句話是因「你偷錢」的事實判斷，與這個事實「做錯了」的道德判斷而成立。句型上是呈「巢狀結構」，但這兩者的層級完全不一樣。「事實判斷」可以從原理上判定真假，實際偷了錢即為真，沒偷即為假。而問題在於後面的道德判斷。

即使「你偷錢」這個事實為真，也無法藉此斷定好壞。好壞

與事實是不同層級的問題。那人是怎麼判別「好壞」的呢？艾耶爾的回答是靠「情感」和「情緒」。

> 我現在概括我以前的陳述，並說「偷錢是錯誤的（Stealing money is wrong）」，我是說出了一個沒有事實意義的句子——即是說，這個句子既不表達真的命題，也不表達假的命題。這個句子正如我寫出「偷錢！」——在這裡，由於一種適當的約定，驚嘆號的形狀和加重表示都表明，表達出來的情感是在道德上對這個行為特別不贊成。很清楚，這裡沒有說到可能真或假的什麼東西。[(10)]

也就是說，**好壞的表現是對事實（你偷了錢）的情感表現，就像是噓聲或加油吶喊一樣**。情感的表現不涉及對錯。

例如，一個吃咖哩的人說「咖哩好難吃！」我們不會問他這句話是否正確，畢竟這只是個人喜好而已，也就是<u>鑑賞判斷</u>。「咖哩好吃和不好吃」是鑑賞判斷，我們不會管它是真是假。

於是，<u>斷言「好壞」的道德判斷，終究只是「喜歡或討厭」的鑑賞判斷</u>，抑或是將原本的鑑賞判斷偽裝得如同重大道德判斷一樣。

這麼一想，我們就能明白社會公認的各種「道德判斷」在抽絲剝繭後，實際上也只是「鑑賞判斷」。例如國中校長對學生說「男生就是要剪清爽的短髮，才有學生的樣子」時，學生也許會反駁說「那只是校長你自己覺得吧」。

> **情緒主義**：阿爾弗雷德・朱爾斯・艾耶爾提倡的倫理學說。主張道德問題無
  法靠事實判斷和邏輯討論來解決，而是由情感和情緒決定。

> **硬性虛無主義（徹底懷疑道德）**：請參照軟性虛無主義。

> **軟性虛無主義**：虛無主義分為兩種，尼采主張的虛無主義稱作「硬性虛無主
  義」，而相對溫和的虛無主義稱作「軟性虛無主義」。硬性與軟性依照是否反
  對道德來區分。

> **阿爾弗雷德・朱爾斯・艾耶爾**：20世紀的英國哲學家。將邏輯實證主義引進
  英國，在1936年出版《語言，真理與邏輯》。

幸
福

Chapter4 ———— Happiness ————

我可以希望什麼

古今東西長久以來，都有各種思想學說談論如何才能幸福。大概是因為人類的一切都是那麼不幸。

姑且先不論人是否真的不幸，至少我們無法否認人都想要追求幸福。**帕斯卡**＊就曾經說過：

> 人人都尋求幸福，這一點是沒有例外的；無論他們所採用的手段是怎樣的不同，但他們全都趨向這個目標。使得某些人走上戰爭的，以及使得另一些人沒有走上戰爭的，乃是同一種願望；這種願望是雙方都有的，但各伴以不同的觀點。（中略）這就是所有的人，乃至於那些上吊自殺的人的全部行為的動機。[1]

　　即使所有人都追求幸福，但是對「幸福」的看法卻未必相同。那幸福究竟是什麼呢？

　　幸福又可以分成客觀的「幸福」和主觀的「幸福」。客觀的「幸福」多到或許可以列出一張幸福清單，健康比生病幸福、富裕比貧窮幸福，雖然這些不能說是幸福的充分條件，但至少可以算是必要條件。

　　如果用主觀理解「幸福」，可以說「幸福＝幸福的感受」。實際上，表面看似無拘無束、生活富庶的人，可能根本感受不到「幸福」；反之，很多人活在不是很富裕的環境裡，卻能感受到「幸福」。在「幸福排行榜」裡，經常可以看到不富裕的國家名列前茅。

　　這一章，我就先提出四個理解幸福的觀點。

圖16　理解幸福的四個觀點

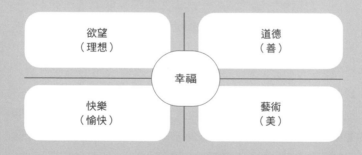

> **布萊茲・帕斯卡**：請參照 Basic 9。

幸福的問題在於如何獲得幸福

Basic 38

　　「幸福（英語Happiness、德語Glück、法語Bonheur）」一詞，從詞源來看也有「偶然的收穫」之意。這一點和「幸運」幾乎沒有區別。成語「喜從天降」，也可以說是一種「幸運」。

　　但是，在哲學討論「幸福」的人，幾乎都反對將「幸運」稱作「幸福」。例如**伯特蘭・羅素***的著作《幸福之路》，書名原文是《The Conquest of Happiness》（贏得幸福），裡面談到：「除了極少的情形之外，幸福這樣東西不像成熟的果子一樣，單靠著幸運的機會作用掉在你嘴裡。」[2]

　　他想說的是，**「幸福」並非他人給予、偶然獲得，或是上帝的恩賜**，而是要靠自己「發揮力量」去獲得。關於這一點，**阿蘭***在著作《幸福論》也提到相同的看法。

> 人們常說自己總是錯過幸福。對免費的幸福而言，此話不假，因為免費的幸福根本不存在。而自己創造的幸福，卻從不會讓人失望。[3]

圖17　三大幸福論（19世紀末到20世紀上半葉出版）

著者	原書名（出版年分）	特徵
卡爾‧希爾提	《Glück》（1891，瑞士）	倫理‧宗教性
阿蘭（筆名）	《Propos sur le Bonheur》（1925，法國）	文學‧哲學性
伯特蘭‧羅素	《The Conquest of Happiness》（1930，英國）	邏輯‧常識性

　　此觀點同樣出現在**希爾提***的《幸福》裡。這本著作與羅素、阿蘭並列為「三大幸福論」，帶有宗教色彩，不過只要讀到開頭「工作的幸福」，就可以清楚看出他強調「自我實現」。

　　　絕大多數的工作，在認真投入的情況下，都具備了能使人在轉眼間沉迷的性質。並不是工作的種類帶來幸福，而是創造與成功的喜悅才能造就幸福。大致上可能有的最大不幸，就是沒有工作、終其一生都不曾獲取工作成果的生活[(4)]

　　至今已經出現過各式各樣的幸福理論，其中最重要的特徵，就是「幸運」和「幸福」有別。

> **伯特蘭‧羅素**：19－20世紀的英國哲學家、數學家、邏輯學家。1950年榮獲諾貝爾文學獎。在各個領域都有多方面的成就，對後世影響深遠。

> **阿蘭（本名埃米爾－奧古斯特‧沙爾捷）**：19－20世紀的法國哲學家。也是用箴言促使人思索的德性論者，其手稿集結出版成《幸福論》。

> **卡爾‧希爾提**：19－20世紀的瑞士哲學家。為虔誠的基督教徒，根據信仰寫成《幸福》一書，另外著有《不眠之夜》。

幸福與道德一致

　　如果你問一位正在求職的應屆畢業大學生「你為什麼要找工作？」他們大概都會（擺出一副覺得你在問廢話的表情）回答「要進好公司上班啊」。假如你又繼續問「為什麼你想進好公司上班？」他們應該會舉出各種理由，像是這樣才體面、生活才穩定等等。但是，若再追問「你為什麼會想要穩定的生活？」他們又會怎麼回答呢？

　　像這樣不斷追尋目的（為了什麼？）直到得出再也無可探究的「終極目的」時，這就是**亞里斯多德***所說的「幸福」。「幸福」是我們活著的終極目的（最高的善＝至善）。

> 　　大多數人有一致意見。無論是一般大眾，還是那些出眾的人，都會說這（善）是幸福，並且會把它理解為生活得好或做得好。(5)

把幸福視為「終極目的」的思想，一般稱作「幸福主義」。

不論是誰都想要追求善，而其中最高的善就是「幸福」。但問題就在於該如何思考「幸福」。

因為，「善」具有二義性。有些人會覺得感官上的「快樂」才是「善」，「快樂」才是最好的善，「幸福」則是一種「快樂」。這種思想稱作「享樂主義」，但亞里斯多德並不接受這個觀點。

亞里斯多德在理解「幸福」時，把它與「德性」連結在一起。例如他曾說「人的善是合乎德性的靈魂現實活動」。這裡所說的「德性」是「ἀρετή（arete）」，意指「道德上的卓越」，對人來說「卓越」的確是道德。

這麼看來，就能理解為何亞里斯多德是在《尼各馬可倫理學》裡談論「幸福主義」了。他的「幸福主義」重點，就是將「幸福」與「道德」連結起來。**將違背「道德」的「快樂」視為利己的「善」，這種心態不能稱作「幸福」**。所以，亞里斯多德才會強調「幸福是生活得好，而非耽溺享樂」。

Column

> 古代哲學家中，伊壁鳩魯以不同於亞里斯多德的形式推展出「幸福論」。他提倡「享樂主義」，認為「幸福」的實質在於「快樂」，「快樂」就是「善」。但是，順應「欲望」未必能得到「快樂」，反而會造成「痛苦」。因此，克制「欲望」來追求「內心的寧靜（ἀταραξία）」，才會得到快樂。

＞**亞里斯多德**：請參照Basic 2。

要活得正當，就不要追求幸福

相較與亞里斯多德將幸福等同於道德的「幸福論」，近代最偉大的哲學家**伊曼努爾・康德***則是明確反駁這個觀點。康德的基本思想是，「幸福」是來自人難以克制的「欲望」，應當與追求「善」的道德有所區別。

> 因為「使一個人幸福」和「使他成為好人」完全是兩回事，「使他明哲且對其利益精明」和「使他有德」也完全是兩回事。[6]

康德並不否認追求「幸福」是人的自然本性。人擁有欲望（康德稱之為「傾向」），並以此來追尋「幸福」。但是，**這種「幸福」與追求「善」的道德完全不一樣。**

假設你用了一個精心編織的謊言讓事業大獲成功，生活變得富裕。事業有成的確可以滿足自己的欲望，也能博取他人的讚賞。

但是，如果要問「這種幸福是善嗎？」應該沒有人可以毫不猶疑地回答出來吧。忽略道德的「善」去取得「幸福」，應該會令人良心不安。

康德認為道德的「善」沒有例外，他稱之為「定言令式」。

例如「不能說謊」這個道德命令，即使會造成「不幸」的結果，也必須要遵守。雖然也有「善意的謊言」，偶爾「撒謊」可能會帶來好的結果。但康德堅持在這種時候也「千萬不能撒謊」。

康德的命令是在面臨「該選擇幸福還是道德」的問題時，必須毫不遲疑地「選擇道德」。因為不只是朋友的幸福，自己（或自己的家庭）的幸福也必須為道德犧牲。

這是非常嚴格的道德主義。這種嚴謹主義近年來受到貶抑，但要是放棄這個原則的話，可能會淪為輕率的投機主義。

我們來設想一下有例外的情況。

人在現實生活中偶爾會違反規則、不按牌理出牌，也會將自己不遵守約定的行為歸咎於不可抗力，以逃避責任。近年來，甚至有人用溫情主義來衡量情況，包容他人的過錯。但是站在康德的立場來看，不能允許這些例外發生。如何評斷這個觀點，足以改變你對幸福的想法。

Column

康德的嚴謹主義思想也顯現在其生活上。他有一段著名的事蹟，就是他每天都習慣在固定的時間、按照固定的路線散步。所以鎮上的人只要看到康德出來散步了，就可以從他出現的位置判斷現在的時間。他這方面的軼事經常為人津津樂道，希望大家能藉此記住他主張的是「沒有例外的規則主義」。

＞**伊曼努爾・康德**：請參照 Basic 1。

Basic 41

名為藝術的幸福

　　相較於熱烈評論「幸福」的哲學家，19世紀末的德國哲學家**弗里德里希・尼采** * 卻對這個議題十分冷淡。他對於「享樂主義」和「幸福主義」的態度是「瞧不起，對其表示蔑視，儘管並非沒有同情」[7]（《善惡的彼岸》215節）。

　　尼采的出道作品是《悲劇的誕生》（1872）。書中引用了希臘神話，彌達斯國王問道：「對於人來說，什麼是絕佳最妙的東西呢？」而他得到的答案是「那絕佳的東西是你壓根兒都得不到的，那就是不要生下來，不要存在，要成為虛無。而對你來說，次等美妙的事便是──快快死掉」[8]。

　　這段要表達的是「人生充滿苦惱」，源自於叔本華的「悲觀主義（Pessimism）」。當時的尼采覺得活著只有痛苦和不幸。這個感覺並非他獨有，應該很多人都有同感。

　　可是，一旦有人談論「悲觀」時，最好不要認真看待。因為當事人還活著，**會談論悲觀想法的人，就是自相矛**。

圖18　藝術的兩種類型

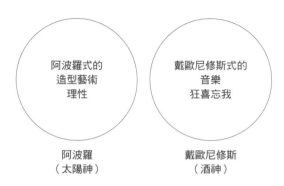

阿波羅式的
造型藝術
理性

戴歐尼修斯式的
音樂
狂喜忘我

阿波羅
（太陽神）

戴歐尼修斯
（酒神）

　　這麼一想，活著應該不可能只有痛苦。人生悲喜交加，或許才是比較適當的說法。如果這句話還是讓你覺得「活著」就是痛苦的話，難道就沒有「早點死掉」以外的方法了嗎。

　　尼采在《悲劇的誕生》裡，追求的是「藝術的救贖」。這裡所說的「藝術」具體上是指「音樂」，音樂可以使人狂喜忘我（ecstasy）、擺脫活著的苦惱。雖然尼采後來對這個想法進行「自我批判」，但這個觀點或許掌握到了「人生」的本質。

　　雖然不知道是否只有音樂才能讓人從活著的痛苦中解脫，但至少「狂喜忘我」的狀態，包含喝醉在內，對人來說可能還是有其必要。

Column

尼采後來對於《悲劇的誕生》裡提出的悲觀主義思想進行「自我批判」。他在新版增補的序文「一種自我批評的嘗試」裡，將這個思想視為**浪漫主義**＊並加以否定。其中的問題在於將「活著」視為痛苦，可以透過音樂（藝術）忘卻。而尼采為了取代這個觀

點，提出了「永劫回歸」的思想與「權力意志」的概念，並在
《查拉圖斯特拉如是說》裡進行論述。

> **弗里德里希・尼采**：請參照 Basic 9。

> **浪漫主義**：18 世紀末到 19 世紀在歐洲興起的藝術、思想運動。為了對抗講
　 究合理性的古典主義，而歌頌激昂的心情與情感、表現出對自然和無限的憧
　 憬。

別管幸福，而是要小心不幸

在所有幸福論中別具一格的，是精神分析學家**西格蒙德・佛洛伊德***的思想。他在70多歲寫下論文《文明及其不滿》（原著1930），裡面就談到了「幸福」。

佛洛伊德認為，人生的目的確實是「幸福」，但是要注意它具有積極的目標（追求強烈快樂）和消極的目標（排除痛苦和不快樂）這兩面性。也就是說，人為了「獲得幸福」，一方面會追求強烈的快樂，另一方面會避免痛苦。佛洛伊德稱之為「快樂原則」，但這之中並沒有包含什麼新奇的觀點。那佛洛伊德的論點到底是哪裡有趣呢？

他有趣的地方，在於一語道破「幸福」的獲取極為困難，但「不幸」卻會輕易降臨。

最嚴格意義上的幸福產生於那些受到高度壓抑需要的滿足，而且在本質上，這種幸福只可能是一種暫時的現象。當快樂原則渴望的任何

状況得以延續時，它就只能產生平和的滿足感。我們天性如此，強烈的享受只能在對比中獲得，而無法在某一事物的狀態中獲得。

因此，獲得幸福的可能性已經被我們的本性限制了。對不幸的體驗則容易得多。[9]

從戀愛和結婚的例子來看，應該就很清楚了。包含「婚外情」在內，「戀愛」時常常會感到怦然心動、產生強烈的情感。但是在交往一陣子並「結婚」後，對方就只會給你一種「平和的滿足感（？）」。所以，「婚外情」可能很容易導致「不幸」。

佛洛伊德將不幸的原因分成三種：**①我們的身體、②我們的身外世界、③我們與他人的人際關係**，並說「與其他任何痛苦相比，最後一種的痛苦也許最劇烈」。

佛洛伊德認為如果沒有妥善處理這些痛苦，就會引發心理疾病。有一個迴避的方法是「宗教」，但佛洛伊德把宗教稱作「集體幻覺」。這麼看來，「幸福」對人來說有多麼遙不可及啊。

Column

佛洛伊德在心理原則方面除了「快樂原則」外，還提出「現實原則」。這是指為了延後獲得滿足的時間，而讓通往快樂的過程變得迂迴。現實原則乍看之下與快樂原則相反，但未必如此。因為現實原則的目標也是獲得快樂，只是方法不同。就好比小孩子會想要立即滿足，但大人會耐著性子忍到滿足的那一刻。至於是不是所有大人都能忍耐，那就另當別論了。

> **西格蒙德・佛洛伊德**：請參照 Basic 14。

追求生存的美學

我們在思考幸福時，無法脫離「性」的問題。快樂和痛苦總是會與性產生關聯。所以，**佛洛伊德**＊曾說快樂原則是「難以教育的性衝動」。

也就是說，高尚的「幸福論」只要剝去外殼，就會變成靡爛的「性愛論」。

1984年在瑞士逝世的法國哲學家**米歇爾‧傅柯**＊，在死前出版了《性史》第2和第3卷，這兩本書可以說是傅柯特有的「幸福論」。那麼書中是怎麼解釋「性」和「幸福」的關係呢？

傅柯在《性史》第1卷（原著1976）裡，把焦點放在討論近代的「性」狀態，不過在他晚年出版的第2、3卷裡，則是追溯到古希臘羅馬時代來談論性。他在某一次訪談中說明自己這麼做的理由。

> 將自己的生活塑造成個人的藝術作品，這個淬煉的工作即便是依循

了群體的各個基準，我也認為它就位在古典的道德經驗、道德意志的中心。（中略）所謂的探索，就是「生存美學」的探索。[10]

一般來說，性欲非常強烈，足以控制人心甚至使人迷失自我。這種受到欲望支配的生活，可以算是美的生活嗎。在用社會道德的觀點下判斷以前，要先思考什麼是生活的美醜。不僅是性欲，我們看到貪婪的人，應該也會覺得他的模樣不雅觀吧。

傅柯認為美的生活，不一定等於全面排斥欲望的禁欲生活。從《性史》第2、第3卷的書名《快感的使用》、《自我的關懷》就能看出這一點。重點在於如何節制、控制欲望，如何在這種狀況下關懷自己。

或許有點突然，但這讓我不禁想起**九鬼周造***在著作《「粹」的構造》（1930）裡提到的，日本特有的「粹」的美學意識。**九鬼認為「粹」的特色，並不是放蕩靡爛的欲望，而以適當的距離瀟灑地與對方來往**。雖然問題在於現代日本人是否還保有這種精神，但至少「粹」的生活方式，作為「生存的美學」還是魅力十足。

> **西格蒙德・佛洛伊德**：請參照 Basic 14。
> **米歇爾・傅柯**：請參照 Basic 19。
> **九鬼周造**：19－20 世紀的日本哲學家。長年留學歐洲，曾師事海德格。歸國後出版了《「粹」的構造》，是受到高度讚譽的日本文化研究書。

人生是為了什麼？

　　應該很多人在年輕時，都曾經暗中思索「人為什麼要活著？」「人生的意義是什麼？」吧。也許還百思不得其解，最後就是逐漸淡忘。即使 可以用「年少無知」來解釋這種情況，也不代表疑問就此消失。

　　第二次世界大戰後，**沙特***等人的「存在主義」在法國流行，同時期的小說家**阿貝爾・卡繆***在戰爭期間寫了一篇哲學隨筆《薛西弗斯的神話》（1942）。文中登場的「薛西弗斯」是希臘神話裡的英雄。卡繆如此描寫他：

> 薛西弗斯遭受天譴，諸神命他晝夜不休地推滾巨石上山。到達山巔時，由於巨石本身的重量，又滾了下來，由於某個理由，祂們認為，沒有一種比徒勞無功與毫無指望的苦役是更可怕的刑罰了。[11]

　　在這本書的開頭，卡繆說「真正嚴肅的哲學問題」只有一

個，那就是「自殺。判斷生命值不值得活，就等於回答了哲學最基礎的問題」。

那麼，這個問題該如何回答呢？

我們讀著薛西弗斯所受的懲罰，就像是在目睹自己的生活日常。從星期一到星期五都要起個大早，吃飯、搭車、上班、搭車、回家、睡覺，這個生活規律和薛西弗斯究竟有什麼不同？

卡繆說，**當意識中浮現「為什麼」，「一切就都從厭倦中開始了」**。

事實上，這個問題有個陷阱。從外面俯視「人生一切」，應該無法理解「人生的意義（目的）」。例如宗教人士可能會回答人生的目的是「為了榮耀上帝」，雖然我們可以繼續問「那上帝的目的是什麼？」但這樣下去會沒完沒了，終究得不到答案。

相較之下，如果只著重於人生裡的一件事，就能找到目的（意義）了。

「你上班是為了什麼？」——這個問題可以有很多答案，得到答案後不再追問或許也是一個方法，但疑問並沒有消失。

我們日復一日重複做相同的事，找不到生存的價值（目的）時，那真的還有活著的意義嗎。尼采**明確地說「沒有意義（虛無）」**，所以他提倡「虛無主義」。儘管如此，為什麼人還是要活下去呢？這就是尼采的根本問題了。

> **尚－保羅・沙特**：20世紀的法國哲學家、作家。在第二次世界大戰後提倡存在主義，影響遍及全世界。主要著作為1943年的《存在與虛無》、1960年的《辯證理性批判》。
> **阿爾貝・卡繆**：20世紀的法國小說家、評論家。因1942年出版的《異鄉人》而成名，1957年榮獲諾貝爾文學獎。

用經驗機器製造幸福就能得到幸福嗎？

我們在思考幸福時，可以用客觀的形式去理解，像是擁有「健康」、「財富」或是「家庭‧朋友」等等。

但是，也有人即使擁有了這些，也絲毫感覺不到幸福。或許應該說，**幸福是每個人內心的感受，是一種主觀性質**，也就是可以想成「幸福是懷有幸福感」。

既然如此，那一個人只要擁有幸福感，就可以算是幸福嗎？這是美國哲學家**羅伯特‧諾齊克**＊所關注的問題。

他出版了《無政府、國家與烏托邦》（1974），是廣受曯目的**自由意志主義**＊代表人物。他在這本書中進行了各種有趣的思想實驗，蔚為話題。其中他格外重視的是「經驗機器」的例子。

> 假設有一台可以給你任何所欲經驗的體驗機：最出色的神經心理學家能刺激你的大腦（中略）。這時候，你是漂浮在一個有電極接著你

的大腦的容器內。你是否應當進入這一機器的生活，編製擬定你生命的各種體驗呢？[12]

看過電影《駭客任務》的人，應該對這個設定見怪不怪了，但諾齊克究竟想透過它來探討什麼呢？

這台經驗機器可以在大腦中製造出每個人的理想世界，可以在內心看見、感受到它。

簡單來說，人在沉睡時所見的夢境，是大腦受到刺激的產物。

這台機器會讓每個人實際在心中看見自己渴求的願望，只要連上機器，就能在內心看見自己理想的世界。

當然，現實中的當事人是漂浮在水箱裡，有電極片連接著頭部，但他卻在內心世界體驗著富裕、異性緣極佳，或是事業有成的生活。

換言之，這是得到充分幸福感的狀態。既然有了幸福感，那這個人可以說是幸福的嗎？如果你無法立即回答「是」的話，那「幸福＝幸福感」的等式就無法成立了。

Column

我們來思考一下流傳自古希臘時代的瘋子的幸福。這個瘋子離開村莊、住在港口，相信那些進出港灣的船隻全都屬於自己。每當有船靠岸，他就會欣喜若狂地大喊「幸好船平安無事！」他的兄弟實在看不下去，便帶他就醫治好了他的症狀。結果他不再把那些船視為己有，卻也因此感受不到任何喜悅。他的幸福感因為治好病就消失了。請問，他真的因為疾病康復而得到幸福了嗎？

> **羅伯特·諾齊克**：20－21世紀美國哲學家。反駁羅爾斯的自由主義思想，提
出自由意志主義。1974年出版的著作《無政府、國家與烏托邦》運用了出色
的思想實驗，詼諧地闡釋自由主義的原理。

> **自由意志主義**：在20世紀的美國，與自由主義有所區別的思想，又可譯作
「自由人主義」、「自由至上主義」。美國的自由主義在經濟方面採取平等主
義、限制個人的自由，但自由意志主義批判這個觀點，主張在經濟方面也要
追求自由。

幸福感能夠解釋幸福嗎？

拉丁語有一句著名的警世名言「Memento mori」，意思是「勿忘你終有一死」，反覆訴說「死亡」是人最大的不幸。所以，人平常才會投入各種樂趣，以忘卻「死亡」。

而因此主張「死亡不可懼」的是身為古希臘享樂主義者**伊壁鳩魯***。他認為人不可能知道「自己的死」，理由如下：

> 死亡——諸惡中最令人恐懼的東西，與我們無關；因為，當我們在的時候，死亡尚未來臨，而當死亡來臨時，我們卻已經不在了。所以，無論是對於生者，還是對於死者，死亡都與之無關。[13]

關於死亡，我們能夠知道的只有「他人的死」，並根據這個經驗來設想自己的遭遇，判斷死亡是可怕的。但是，伊壁鳩魯卻說明這個觀點錯誤，我們無法經歷自己的死（因為自己還沒死），能夠經歷的時候也已經歷不到（因為已經死了）。

這與把幸福感視為幸福是一樣的思維，只有「已死的人」才會明白「死亡」。

我們也一併來看看，現代哲學家在探討這個觀點時所提出的其他構想。

美國哲學家**湯瑪斯・內格爾***舉了一個例子：假設有個人大腦受損，心智年齡退化到幼兒狀態。

這個人以前絕頂聰明，現在卻因為受傷而變得如同「3個月大的嬰兒」般，但是有監護人包辦他的所有需求，讓他沒有任何一絲不安、厭惡，可以感到心滿意足。

問題來了，這個人可以算是幸福的嗎？

從幸福感的角度來看，他的需求都能夠充分滿足，沒有任何煩惱和不安，所以也許可以稱得上「幸福」。然而，內格爾卻說「不只是他的朋友、親戚、熟人，任何人都會認為這個狀況對他來說，是重大的不幸」。為什麼呢？

在主觀經驗上，他確實滿足於現狀，但是內格爾認為這稱不上幸福。因為「這個狀況封鎖了這個原本聰明的人，在大腦沒有受傷時應該會透過自然成長而實現的可能性」。**人的幸福就是可以實現自己的可能性，反之，不幸則是未能實現可能性**。

由此可見，幸福與否不只攸關幸福感，也需要考慮是否能夠實現可能性。更不用說死亡之所以不幸，就是因為它剝奪了一個人的所有可能性。

Column

人在罹患失智症時，究竟是幸福還是不幸。關於這一點，可以從幸福感與實現可能性的觀點來回答。從幸福感來說，只要自己的需求獲得滿足，那肯定是幸福的。但是與尚未罹患失智症的時候相比，卻是大幅侷限了可能性。即使如此，相較於剝奪了一切可

能性的死亡，還是有很大的差別。

> **伊壁鳩魯**：約西元前4－前3世紀的古希臘哲學家。伊壁鳩魯學派的始祖，
  提倡原子論和享樂主義。

> **湯瑪斯・內格爾**：20－21世紀的美國哲學家。1979年出版了《變成蝙蝠會怎
  樣？》，談論感質的問題，後續也引發各種討論。

宗
教

Chapter 5

—— Religion ——

我要相信什麼

　　大約 1 世紀以前，有人預測科學的發展最終會使宗教衰亡。然而儘管科學在那之後大幅進步，宗教卻絲毫沒有衰退的跡象。

　　在南美洲和非洲，有宗教信仰的人愈來愈多。歐洲的基督教徒人數比例雖然下降，但穆斯林的人數卻提高了。

　　而在美國，主流的新教徒人數減少，但基本教義的福音派增加了。

　　對於這個趨勢，德國社會學家**烏爾里希・貝克***的說法是：

> 二十一世紀初可見的宗教回歸現象，打破了直到一九七○年代，延續兩百年以上的傳統智慧（Conventional Wisdom）[1]

　　事實與預測相反，即使科學持續進步，宗教也沒有消失。那麼，宗教為什麼沒有消失呢？

　　要思索這個問題，就要先回溯到「相信」這個基本的態度，再重新思考。

　　「相信」的英語是 believe（拉丁語 credo、法語 croire、德語 glauben），但這個詞需要根據情境來翻譯。

　　例如在宗教方面會譯作「信仰」，但在政治和道德這類實踐性問題上則譯作「信念」。

圖19　知識與信仰的關係

　　但是，「相信」本來就不是僅限於特定的領域，它會在人類活動的任何領域運作。這時通常會簡短地稱之為「信」。

　　這麼一想，就能明白宗教的問題有多廣泛。

　　「信仰」看似與不信宗教的人毫無瓜葛，但即便不是特定宗教的信徒，也不可能完全沒有「信」。因為，**人大多數活動的依據都是「信」**。

　　我們平常不會察覺自己在跟人對話時，就等於相信對方是「人」、相信他「通情達理」。我們不可能去調查這是否為事實，只會隱隱約約地相信。

在搭車上班和上學時，我們也相信公司和學校像往常一樣在那個位置，前往那裡的電車和公車像往常一樣行駛。雖然可能會發生意外事件或是災害，但只要沒有特殊情況，我們平常都會不假思索地相信這些事情吧。

由此可見，我們的行為和知識都是依據了「信」。

倘若要一一檢驗這些是否為真，大概就什麼事都不用做了。每一個行為和知識，都是以這廣大「信」的領域為基礎才能成立。反而是知識可以檢驗的領域非常有限。

如果把這個相信的領域稱作「信仰」，那我們的「知識」的確是有信仰的支持。這或許就是宗教根深蒂固的原因了吧。

> **烏爾里希・貝克**：20−21世紀的德國社會學家。在車諾比核電廠事故後出版了暢銷書《風險社會》。

因為荒謬，我才相信

　　這是在思考信與知，或是宗教與哲學的關係時，歷史上非常著名的一句話。連日本作家**埴谷雄高***也引用這句話當作書名，希望大家都能了解這句話含義。

　　這句話是出自2～3世紀的基督教神學家**特土良***，但是並沒有收錄在他的著作裡，是後來才跟其他相關的名言彙整在一起。以下列出這些名言的翻譯和拉丁語原文：

　　①因為荒謬，我才相信（Credo quia absurdum・）
　　②我相信，才能理解（Credo ut intelligam・）
　　③我理解，才能相信（Intelligo ut credam・）

　　這三句話的基礎都是「相信（信）」和「理解（知）」，而且代表了宗教（信仰）與哲學（知識）的關係。這三句話的圖解就如下一頁所示。

「因為荒謬，我才相信」，預設了信與知毫無關聯。

在特土良的時代，基督教的權勢開始足以影響希臘哲學，因此焦點就在如何思考兩者的關係。源自特土良的這句話，明確地將兩者分開思考，**認為信仰與知識截然不同，因為無法當作知識看待，才能作為信仰**。

圖20　**相信（信）與理解（知）**

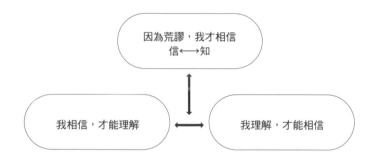

相較之下，另外兩個句子則是分別以宗教（信仰）或哲學（知識）為目的。「我相信，才能理解」是中世紀哲學家**安瑟莫***的立場，他主張**信仰會導向理性認識**。而「我理解，才能相信」則是**阿伯拉爾***的立場，他主張**理性認識會導向信仰**。

信與知會形成這三種關係，這個觀念不只限於中世紀，還延續到了近代，甚至是現代。所以，在理解各個哲學家（或者說人）的見解時，從這個角度去思考，就能看見他們與傳統的關聯。

為了避免誤解，大家要先注意一點。「因為荒謬，我才相信」並不意味著「相信所有荒謬的事」。

這句話的意思是，將某個論述當作知識來論證時，如果有無

法確定的地方，這時就不要用邏輯論證，只能去相信。這個作法在現代應該也能通用。

Column

以前提到「中世紀」，總會令人聯想到黑暗時代，哲學也呈現出受到基督教制約的沉悶印象。中世紀後期的哲學稱作經院哲學，「經院」這個詞是用來形容

以格外繁複的方式討論外界認為不重要的學問。無論如何，中世紀過去都擺脫不了消極的印象。不過近年來已經一掃中世紀哲學的傳統印象，對其豐富的內涵刮目相看。

> **埴谷雄高**：20世紀的日本作家、評論家。在第二次世界大戰前因參加左翼運動而入獄，戰後寫下小說《死靈》，大幅影響了戰後世代的思想。著作《因為荒謬，我才相信》為箴言集。

> **特土良**：2-3世紀的基督教神學家。曾說過「因為荒謬，我才相信」這句話，但實際上原本的用字遣詞不一樣。

> **安瑟莫**：11-12世紀中世紀的英國哲學家。主張「唯實論」，又稱作經院哲學之父，提出「上帝存在的本體論證」。

> **皮埃爾・阿伯拉爾**：11-12世紀中世紀的法國哲學家。唯名論的創始人，奠定了經院哲學的基礎。與學生哀綠綺思的戀愛故事相當有名。

機器神與不動的推動者

在思考宗教的功能時，日本人經常會說「煩惱的時候就求神」。雖然這句話帶有貶義，不過哲學也有一個類似的觀點，就是「機器神」，拉丁語為「deus ex machina」。

這個詞最早可以追溯到古希臘時代的戲劇技法。當劇中發生困境時，會由一名扮演神的演員登場解決。而且在神登場時，會使用類似吊車的機器讓演員從天而降。從字面上來看，就是「用機器跑出來的神」。

悲劇作家尤里比底斯偏好此手法，但哲學家**亞里斯多德**＊卻在《詩學》中批判這個方法。他認為戲劇情節自始至終都需要由必然來推進，神毫無預警地現身化解危機，這種手法令人難以苟同。

這個「機器神」經常成為哲學的批判對象。例如亞里斯多德在《形而上學》裡，將阿納撒哥拉的思想批為「機器神」。[(2)] 因為在「無法解釋事物基於什麼原因而必然如此時」，阿納撒

哥拉都會搬出「努斯（智性）」。這裡所說的「努斯」，可以當作使天地宇宙井然有序的原因。也就是說**一般而言，他在無法妥善說明自然界各種物質的原因時，就會突然提出非物質的「努斯」當作答案**。

那麼，批判「機器神」的亞里斯多德又是如何思考「上帝」的呢？他在觀察自然界時，認為萬物都是「自己被推動而動，再藉此推動他者」。可以預設這樣一直追溯到最後，會有一個「不受推動但能推動他者的存在」，否則就會無限延伸下去，沒有終點。亞里斯多德認為這個「不動的推動者」就是「上帝」。

但是，看了亞里斯多德對「上帝」的解釋，或許會有人疑惑這跟「機器神」有什麼差別。他不也是為了讓推動者與被推動者的關係有個終點，才提出「不動的推動者」嗎？

既然如此，我們就不能輕易批判「機器神」的概念。不論是什麼宗教、什麼哲學，在預設「上帝」時都會賦予祂一個與眾不同的職責。這可以稱作「超越性」的維度。那為什麼這種觀點可以成立呢？也許是因為我們仍隱約在追求「機器神」吧。

> **亞里斯多德**：請參照 Basic 2。

上帝因完美而存在

　　該如何證明上帝是否存在，最具代表性的思想是「上帝存在的本體論證」。這最早是由中世紀哲學家**安瑟莫***提出，近代的**笛卡兒***也引用這個觀點，而後**康德***加以批判。

　　簡單來說，它的證明方法是從上帝的「本質」導出其「存在」。比如說，上帝往往被定義成「完美無缺」。這時我們就來思考一下，上帝是否包含了「存在」。如果上帝「不存在」，那就違背了「上帝完美無缺」的定義，所以只能說「上帝存在」（論證結束）。

　　各位真的能夠接受這個論證嗎？可能會有種受騙上當的感覺吧。但是，我們又無法清楚說出這之中究竟哪裡有問題。以下列出推論的形式，方便大家思考。

> 上帝是完美無缺的。
> 完美包含了「存在」（否則就有缺失）。

所以上帝存在。

18世紀的德國哲學家康德，提出了明確的形式來批判這個論證。他在《純粹理性批判》裡批判了上帝存在的本體論證，提到「是（存在）顯然不是什麼實在（real）的謂詞」[3]。

雖然這段討論相當有名，但是當時的「real」一詞，意義與現在截然不同，所以康德的論述並未得到充分的理解。

現代將「real」譯為「實在」並視為「現實」的同義詞，結果讓「存在顯然不是什麼實在的謂詞」這句話變得語焉不詳。根據康德的用法，「real」並不是現實存在的意思，康德所謂的「real」是「表示內容或現象」的意思，也就是說，「real」這個詞的用意，是要透過「上帝是○○」這個句子，表現出上帝的「本質」，例如「上帝是愛」、「上帝是不動者」等等。

但是，康德認為「是（存在）」這個謂詞，並沒有表示出上帝的本質（愛、不動者）。我們不能像是說「上帝是愛」、「上帝是不動者」一樣，來說「上帝存在」。

「上帝是愛」和「上帝是不動者」都是表示上帝本質的概念，但「上帝存在」只表示了上帝是現實存在，兩者不能混為一談。簡單來說，「本質（是什麼）」無法推導出「實存（現實存在）」。這麼看來，就能明白要證明「上帝存在」有多困難了。

Column

現在常用的哲學重要概念，在歷史上未必一直都是以相同的語意來使用。這裡提到的「real」就是最好的例子，另外常用的「主觀（subject）」和「客觀（object）」也需要留意。它們在不同的時代，可能代表著與現代截然相反的含義。近年，現實主義（realism）成為一種流行，而這個概念在歷史上的含義也有很大

的變化。所以需要注意詞語在古老的文章脈絡中帶有什麼含義。

> **安瑟莫**：請參照 Basic 47。

> **勒內・笛卡兒**：請參照 Basic 12。

> **伊曼努爾・康德**：請參照 Basic 1。

是人類創造上帝，而非上帝創造人類

Basic 50

　　基督教的教義包含了創世記，相信上帝和人類的關係是「上帝創造了人類」。但19世紀的德國哲學家**費爾巴哈***卻反其道而行，主張「是人類創造了上帝」。

　　他在著作《基督教的本質》（1841）裡，將人視為「<u>自我意識</u>」，也就是說，人的認知對象都是自己的<u>類本質</u>（人的本質）。所以，<u>**人在宗教裡以為是上帝本質的東西，其實是人自己的本質**</u>。人將自己理想化的本質當作上帝的本質，例如宗教會說「上帝是全知全能」，是因為人投射了自己的理想（全知全能）。

　　費爾巴哈在解釋人和上帝的關係時，還附加了一個重點，就是<u>**「異化」**</u>的觀點。「異化」是指與自己疏離。人將自己的本質投射成為上帝、當作對象看待時，會使上帝既完滿又強大，另一方面卻讓人顯得貧乏又渺小。

> 就本質而言，上帝愈是屬人，則祂跟人的區別就似乎愈是大。⁽⁴⁾

人和上帝之間，就逐漸形成這種異化的關係。人在宗教裡軟弱無力、微不足道，上帝卻是全知全能、神通廣大。這就導致了人雖然創造出上帝，卻膜拜上帝並唯命是從的悖論。費爾巴哈指出這個現象就是基督教的本質。

當然，人與上帝的關係顛倒的現象，並不僅限於基督教。很多宗教中的「神」都擁有超越人類的強大力量。希臘眾神、猶太教和伊斯蘭教的唯一真神，都和基督教的上帝一樣具備超越人類的絕對能力，藉此控制人類。但是，創造出這種神的，正是人類自己。

Column

費爾巴哈在批判基督教後，矛頭轉向了哪裡呢？既然創造上帝的是人，那接下來就是要批判人了。費爾巴哈的目標是建立沒有異化的「人類學」。他認為人是「類存在」，所以無法獨自存在，會追求接受「我」和「你」的區別並統一兩者、成為「共同體」的目標。這其中的原理就是「愛」。於是，費爾巴哈為取代基督教而追求的，就是以「愛」為根基的人類學。

> **路德維希・安德列斯・費爾巴哈**：19世紀的德國哲學家，隸屬黑格爾派，基於對黑格爾的批判而提出唯物論，構思出獨創的「人類學」。對馬克思和恩格斯影響深遠，後續也遭到他們批判。

宗教是人民的鴉片

Basic 51

如果是人創造了上帝，那宗教對人來說就只是幻想而已。既然如此，只要人能夠清醒，宗教應該就會消聲匿跡。然而，在費爾巴哈揭開了基督教的本質以後，宗教的力量依然歷久不衰，為什麼呢？

因為需要活在宗教幻想裡的人太多了。**馬克思***承襲了費爾巴哈的主張，說道：

> 宗教的苦難既是現實苦難的表現，又是對這種現實苦難的抗議。宗教是被壓迫生靈的嘆息，是無情世界的感情，正像它是沒有精神的狀態的精神一樣。宗教是人民的鴉片。(5)

而後面他又接著說「廢除作為人民幻想的幸福的宗教，也就是要求實現人民的現實的幸福」。但這句話的重點並不是「宗教是幻想，理應廢除」。

這一段經常被誤解，馬克思的主張並不是「宗教是鴉片，所以不能使用（相信）」，而是認為**問題在於不得不使用鴉片（信仰宗教）的現實狀況**。

由此可見，馬克思的基本思想是從宗教批判轉向現實批判。因為**只要還有受苦的人民需要宗教幻想，再怎麼呼籲大家擺脫宗教的幻想也無濟於事**。所以，最重要的是先改變現實的悲慘，就像要戒治藥物成癮一樣。

不過，人的悲慘究竟是什麼呢？馬克思認為人的悲慘來自經濟、社會上的環境，因此他才會要求改革。

但是，**帕斯卡***卻認為人終將一死，這才是悲慘。實際上，人經常在面對死亡時寄情於宗教。不過，死亡並不像社會現實一樣可以改變。

這麼看來，雖然社會革命並非輕而易舉，但人更不可能擺脫死亡。如果把這個視為人追求宗教的理由，就不能奢望只靠社會改革來達到批判宗教的目的了。

Column

既有的宗教受到批判後可能會消失，但後續還是會有新宗教興起，或是出現類似宗教的東西。例如馬克思主義鼓吹批判宗教、改革社會，但宗教並沒有因此消滅。從經過社會主義革命的所有社會來看，便可看出為什麼宗教依然能夠頑強地生存下來了。

>**卡爾・馬克思**：19世紀的德國哲學家、經濟學家、革命家。受到黑格爾的影響而立志研究哲學，但後來與恩格斯一同批判黑格爾，藉此建構了取代資本主義的新社會理論。主要著作《資本論》是必讀的古典文獻。

>**布萊茲・帕斯卡**：請參照 Basic 9。

上帝已死

Basic 52

「上帝」不單是指宗教信仰的神，也泛指大多數人相信的對象。其中最典型的例子大概就是**尼采***，他在《查拉圖斯特拉如是說》裡寫道：

> 從前褻瀆上帝乃是最大的褻瀆，可是上帝死掉了，因而這些褻瀆上帝者也死掉了。[6]

這種「上帝已死」的觀點稱作「虛無主義」。「虛無」就代表「什麼也沒有」。

> 沒有目標；沒有對「為何之故」的回答。虛無主義意味著什麼呢？──最高價值的自行貶黜。[7]

19世紀末的哲學家尼采堅信，在人開始失去對基督教上帝

的信仰時，對「絕對價值」的信賴也會跟著消失。於是**現代人便無法堅定地回答何謂正義、何謂良善、何謂美麗**。即使能夠回答，也提不出一個決定性的基準。

這種立場稱作相對主義，是否信仰上帝的宗教問題，關係到事物的真偽、善惡、美醜的判斷。如果不再相信上帝，就會失去絕對的基準，只會造成意見衝突。

這方面也可以有不同的看法。縱使相信上帝，只要彼此信仰不同的神，衝突還是會加劇。宗教之間的戰爭，會演變成更嚴峻、殘酷的戰爭。如果全人類都信仰同一個神，那就另當別論；但只要彼此信仰不同的神，對立就會加劇。即使信仰同一個神，還是會有人被視為異端，而且正統與異端的對立根本無法輕易化解。

不論是「上帝已死」或是「上帝還沒死」，人與人之間的對立都不會消失。就算宗教上的神死去，其他的神或許都還沒死。

Column

「上帝已死」是20世紀的口號。社會上不再有絕對的價值和基準，多方意見和主張眾說紛紜。另一方面，這句話也帶來了解放的效果。世界各地的殖民地獨立後，過去的西洋中心主義思想逐漸式微，開始流行文化相對論。人身自由變得普及，大眾積極鼓吹多元化。但是，到了20世紀下半葉，也出現了對相對主義的批判。

> **弗里德里希・尼采**：請參照Basic 9。

科學可以解釋宗教現象

Basic 53

到了21世紀，「新無神論」在美國開始受到矚目，但思想內容會因提倡者而不同。其中一位是名為**理查‧道金斯***的演化生物學家，他於2006年出版了《上帝的迷思》，書中對宗教的看法如下：

> 宗教的實際性前提──上帝假說──就站不住腳了。上帝幾乎就是不存在的。[8]

與道金斯同一時期的哲學家**丹尼爾‧丹尼特***，出版了《破除魔咒：將宗教視為自然現象》，對新無神論提出了新的論據。丹尼特的無神論並非主張「上帝不存在」，而是用科學的方式解釋宗教現象。因為信仰神的宗教態度是一種自然現象，可以透過科學來解釋。

假使上帝存在於現實，上帝是我們必須去愛的造物主，是有理智且有意識的創造者，假使這是真的，那宗教本身就是各種現象交錯的複合體，完全就是自然現象。⁽⁹⁾

丹尼特採取的立場稱作自然主義，不涉及「上帝是否存在」的宗教性問題，而是以自然科學的角度解釋信仰宗教的心態。因為科學無法證明「上帝是否存在」，但可以解讀人想要相信上帝的態度。這是為什麼呢？

丹尼特認為人信仰上帝的心態背後，藏著「超靈敏主體性探測裝置」（Hyperactive Agency Detection Device，簡稱HADD）。例如我們只要聽到草叢裡發出沙沙聲，就會有點緊張裡藏了什麼東西，即使不知道是否真的有危險的東西藏在裡面，但這個假設是比較有利的求生策略。

如果把這個東西假設成是「神」這個「行為主體」，落差可能會有點大，不過這樣應該就能理解人為什麼會信仰宗教了。

只要有動靜就會去尋找行為主體，這個我們靈敏的傾向所生成的假警告，正是孕育宗教這顆明珠的（核心）刺激物。⁽⁹⁾

也就是說，人類是藉由自己具備的HADD裝置，孕育出有利於人類生存的宗教。

Column

21世紀之所以出現「新無神論」，是起因於美國湧現了一股聲浪：「上帝在基督降生的數千年前的某個時刻，就已經創造了天地萬物，所以演化論和物理宇宙學是錯的」。
當時甚至有人因為這個思想，而反對學校教授演化論和太空科

學，引發訴訟糾紛。因此，當時急需從科學的觀點，針對基本教義派的宗教提出宗教上的謬誤。如果不先知道這個背景，可能就無法理解為什麼21世紀初會提倡新無神論了。

>**理查‧道金斯**：20－21世紀的英國演化生物學家、動物行為學家。1976年出版的《自私的基因》為全球暢銷書，讓他一夕成名。2006年出版的《上帝的迷思》，又再度引起一陣（新無神論）論爭。

>**丹尼爾‧丹尼特**：20－21世紀的美國哲學家。根據自然科學來構思哲學，提出心靈哲學和科學哲學。

為了認識而不得不相信

　　宗教的基本立場就是相信。即使上帝的存在沒有經過科學論證，也不影響人去相信。但是，「相信」究竟是怎麼一回事呢？姑且先不論信不信上帝，我們都需要了解「相信」的意義。

　　19－20世紀的哲學家**維根斯坦**＊在去世前夕，寫下了手稿《論確實性》。當時他的研究中最重要的主題就是「相信」。例如他說道：

> 　　當我們是孩子時就學會知道一些事實，例如每個人都有大腦，而我們是不加深究就相信這些事實的。我相信有個島叫澳大利亞，它有著如此這般的形狀，等等；我相信我有祖父母，相信那些自稱是我的父母的人真的是我的父母，等等。這種信念也許從未得到表達；甚至也從未想過那種認為事實是這樣的想法。[10]

與相信對立的概念，則是懷疑。近代哲學家**笛卡兒*為了得到真理，採取了徹底懷疑一切的懷疑方法**。因此，他先是懷疑了別人教授的知識、感官認識到的知識、數學等所有知識。

但是，維根斯坦卻認為，<u>在懷疑之前需要先學習，並且以相信為前提</u>。也就是說，如果要像笛卡兒那樣懷疑，就必須先相信。

> 如果你想懷疑一切，你就什麼也不能懷疑。懷疑這種遊戲本身就預先假定了確實性。
>
> 懷疑和不懷疑行為，只有有了第二種行為才會有第一種行為。[10]

我們在極少的情況下，會依照確實的論據和證據來認識。但就算不透過這種方式來認識，我們還是有不假思索便相信的廣大知識領域，即使不一一列舉，這種相信都構成了我們的生活基礎。

因為有這個基礎，我們才能懷疑、檢驗知識是否為真。

我們平常並不會加以懷疑、重新檢驗自己相信的知識，但還是有哲學家像笛卡兒一樣，曾在生涯中嘗試質疑已知的知識。

但我們終究不可能像笛卡兒一樣懷疑一切，因為在懷疑過程中使用的詞語意義還沒有經過懷疑的檢驗。

既然如此，只要我們不是說話顛三倒四的瘋子，那就可以確定無法懷疑一切了吧。因為我們不得不先相信很多事，才能懷疑。所以，不能說信仰沒有經過論證，就理應受到輕蔑。

Column

小孩子經常會問大人「為什麼？」即使平常大人會細心地回答，但可能也會因為答不出來而打斷話題（例如「不行就是不行！」）

這個時候，希望各位能想起維根斯坦的這段論述。我們有很多即使無法清楚說明，卻深信不疑的觀念。「無法懷疑一切」也是因為「無法解釋所有的理由」。當孩子追根究底時，我們也只能說「本來就是這樣」了。

> **路德維希・維根斯坦**：請參照 Basic 5。

> **勒內・笛卡兒**：請參照 Basic 12。

知識是證成的真信念嗎？

Basic 55

相信（信念）和認識（知識）的關係，在傳統上都是理解為「知識是證成的真信念」。不論是古希臘的**柏拉圖***還是近代德國的**康德***，都有一樣的觀點。這個觀點可以寫成下列句型：

S知道P，僅成立於以下條件
①S相信P。
②P為真。
③S對P的信念得到證成。

舉例來說，「太郎知道自己錄取A公司」時，①太郎相信這件事，而②該公司的人事部來電聯絡，是因為③太郎確實錄取了。這個公式一般稱作「被證成的真信念（Justified True Belief，簡稱JTB）」。信念當中只有被證成的才能視為真知識。

這個觀點自柏拉圖以來一直被視為正確的，但是，美國現代

哲學家**葛梯爾** *在 1963 年，發表了一篇只有寥寥幾頁的論文《得到證成的真信念是知識嗎？》來反駁這道公式。

內容如下：

史密斯和瓊斯應徵了同一個職位。史密斯從該公司老闆那裡聽說「瓊斯被錄取了」。而 10 分鐘前，史密斯在瓊斯的口袋裡發現 10 枚硬幣。於是史密斯有以下想法。

（a）瓊斯錄取了，而且他的口袋裡有 10 枚硬幣。

所以，史密斯根據（a）而相信了（b）。

（b）錄取者的口袋裡有 10 枚硬幣。

但是，史密斯並沒有察覺錄取的其實是自己，而他的口袋裡剛好有 10 枚硬幣。[(11)]

這個情況看起來有點複雜，不過滿足了 JTB 的條件。

史密斯相信（b）。（b）為真，只是史密斯不知道自己有硬幣。而且，（a）可以推論出（b），因此史密斯對（b）的信念得到確證。

然而，我們不能說「史密斯知道（b）」，因為（b）為真是出於偶然。所以 JTB 的反例可能成立。

許多哲學家依據這個反例，為信與知的傳統形式進行各種改良，但爭論依然持續不休。根據這些討論，問題似乎不僅限於邏輯的層面，而是作為「信仰」的宗教有什麼缺失了。

宗教經常被當作未加以論證的單純信念。這麼看來，宗教的信念就不能算是真理了吧。

可是，宗教的信徒都認為自己的信念是真理。這時就不能只

思考知識，也要重新思索真理的意義了。

> **柏拉圖**：請參照 Basic 2。

> **伊曼努爾・康德**：請參照 Basic 1。

> **愛德蒙德・葛梯爾**：20－21 世紀的美國哲學家。1963 年發表的 3 頁論文，成
　為全世界熱烈關注討論的「葛梯爾問題」。

世界

Chapter6 ──── Universe ────────────────

世界充滿未解之謎

　　哲學並沒有限制探索的領域，因為哲學本來就會重新追尋「一切」。而能夠表現「一切」的概念，就是「世界」。所以，哲學裡經常會出現「世界」的概念。

　　但要注意的是，哲學家使用「世界」這個詞時，未必只有單一含義。一開始就要先了解到「世界」有多種含義。

　　各個哲學家都會使用「世界」這詞，但他們預設的意義都不盡相同。

　　換言之，每一位哲學家是依自己構思的哲學來定義「世界」。

　　所以，我們在思索「世界」時，不需要去尋找正確答案，而是要聚焦在哲學家如何定義「世界」。

「世界」一詞，在希臘語和拉丁語都讀作「cosmos」，意指協調的全體。

既然是協調的全體，那不論再小都可以稱作世界（microcosmos，微觀世界），與宏觀世界（macrocosmos）互為對比。一般來說，微觀世界是指人類，宏觀世界是指大宇宙。

但是，宇宙這個說法又包含了另一個系統的詞語「universe」，用法和「cosmos」有別。而且，還有哲學家會比較「世界（cosmos）」和「宇宙（universe）」，要多加留意。

雖然每個人對「世界」的看法不同，但它們在「有序的全體」這一點上還是有某些共識。其中之一，就是**有構成全體的要素**。

各個要素都與其他要素有關聯，共同建立起秩序。而且，**這些要素就在作為全體的世界之中**。

於是，將「世界」視為「要素－秩序－全體」，就是一個很重要的觀點。在這個部分，我會介紹各個哲學家知名的世界理論，請大家先將這個觀點放在心上，再來了解各個「世界」。

學院概念的哲學和世界概念的哲學

　　近代哲學家**笛卡兒***雖然構思並寫下了《論世界》，但當時傳來伽利略被判刑的消息，讓他打消了出版的念頭。

　　他所構思的世界理論，是採取了地動說的物理學，可見他認為的「世界」即是「宇宙」。

　　但是，笛卡兒在兼作自傳的《談談方法》一書中，又談論了另一個「世界」。他談起了「世界書本」，與學校教的「書本上的學問」對比。這個「世界」是「世間」的意思，他稱之為「世界這本大書」[1]。

　　而**康德***承襲了這種「世界（世間）的學問」與「書本上的學問」的對比。康德用「世界知識（Weltkenntnis）」這個詞，說明世界**「不單是為了學校教學，也是生活實用的知識」**。所以「世界」作為人類的世界，就是「世間」的意思。

　　清楚提出這種用法的，是康德「世界（世間）概念的哲學」思想。康德在著作《純粹理性批判》的「方法論」裡，區分了

「學院概念」與「世界概念」，並說道：

> 哲學的概念只是一個學院概念，也就是一個知識系統的概念，這種知識只被作為科學來尋求，而不以超出這種知識的系統統一（中略）為目的。但還有一個總是為這個命名提供根據的世界概念（conceptus cosmicus），尤其是當我們彷彿把哲學概念人格化並將它在哲學家的理想中設想為一個藍本時。[2]

認識哲學的學說，只不過是認識了學校概念的哲學。哲學的知識必須能充分運用在世界（世間）裡，能夠體現這件事的人，才能稱作「哲學家」。

康德特地在這裡為「世界概念」這個詞標註了拉丁語「conceptus cosmicus」。我們需要注意這個cosmos與世界公民的關聯。世界公民（cosmopolitan）是由世界（comos）和公民（polites）組成。康德在《永久和平論》裡強調世界公民的立場，所以需要「世界知識」和「作為世界概念的哲學」。

康德認為，哲學的目標並不在於傳授學院概念的哲學、擁有淵博的哲學學識，而是要讓學生可以成為世界公民，**精通「哲學思考」並運用於世界（世間）更加重要**。這就是康德心目中的「哲學家」理想。既然如此，那就需要區分哲學家和哲學研究者了。

學院概念的哲學…哲學的系統性知識…哲學研究者（典型）
世界概念的哲學…世界知識的哲學…哲學家（典型）

那麼，除非我們以研究哲學為職業，否則就應該以「世界知識」的哲學為目標。是否能將哲學應用於世界（世間），就是哲

學的考驗了。

> **勒內・笛卡兒**：請參照 Basic 12。

> **伊曼努爾・康德**：請參照 Basic 1。

作為意志與表象的世界

Basic 57

　　世界對人來說有什麼意義呢？──德國哲學家**叔本華**＊徹底追究了這個問題。他在1819年出版了《作為意志和表象的世界》，餘生又多次檢討了這本書的思想，在1844年出版了第二版增補版。《作為意志和表象的世界》就是叔本華的一切。

　　那他為什麼會把世界視為「表象」和「意志」呢？這兩者源自**康德**＊對「現象與物自身」的區分。康德在思考世界時，區分了「現象」和「物自身」，叔本華為了對應這個概念，才為世界區分出「表象」和「意志」，也就是現象＝表象、物自身＝意志的對比。

　　「作為表象的世界」這個觀點，從人的認識方法來看便可輕易理解。因為對人來說，顯現出形象的世界就是一個「表象」。但是，叔本華又多加了一個「作為意志的世界」概念。

　　而最能代表叔本華的就是這個思想，因為「意志」可視為「物自身」。不過，他原本是怎麼思考「意志」的呢？

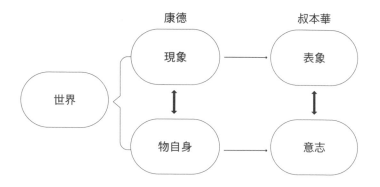

圖21　相信（信）與理解（知）

康德　　　　　　叔本華

現象　　　　　　表象

世界

物自身　　　　　　意志

　　叔本華所思考的「意志」，特徵就是並不限於人類的意志。**基於動物的本能、植物的運動、無機自然界所有力量的盲目行動，都稱作「意志」。**盲目又衝動的世界，就是意志的世界。

　　而且最重要的是，叔本華認為意志的世界無非是苦惱，「苦惱源於人生，人生無非又是意志的現象」。他主張人在意志的世界裡欲望無窮無盡，受到沉悶和痛苦的折磨，於是說：

> 我們的景況是這樣苦惱，壓根兒不存在肯定會比這種景況強。[3]

　　這種意志的思想，稱作「**悲觀主義***」，近年來又稱作「**反出生主義*（否定出生的價值）**」。

　　所以，他最終走向了「否定意志」，同時也邁向「超越世界」。但問題在於這個思想的具體動機。最單純的方法就是「自殺」，但叔本華並沒有採用。他反而主張要達到解脫和領悟的境界，不過說實話，這未必是能讓人接受的結論就是了。

Column

叔本華的思想深受二戰前的日本學生喜愛。最著名的例子，是原本為盂蘭盆節舞蹈的篠山節，改編成校園歌曲「笛康叔節」。他們把笛卡兒、康德、叔本華的名字唱成了歌詞「笛康叔」。當時的年輕人會讀《作為意志和表象的世界》，甚至有人因為人生的不可理喻而過度煩惱，最終自殺。所以當時才形成了「學哲學會讓人煩惱痛苦，最後發瘋自殺」的印象。

> **亞瑟・叔本華**：18－19世紀的德國哲學家。在1819年出版的《作為意志和表象的世界》中，提倡關注人生痛苦的悲觀主義，影響了許多人。

> **伊曼努爾・康德**：請參照 Basic 1。

> **悲觀主義**：又譯厭世主義，為樂觀主義的相對觀念。近代提出這個思想的就是叔本華。

> **反出生主義**：近年，哲學家大衛　貝納塔在2006年出版《生而為人是何苦：出生在世的傷害》，成為當紅的反主生主義名著。不過這個思想包含了許多面向，自古以來就有相似的觀點。

人是在世存有？

在20世紀，以印象的形式將「世界」概念導入哲學的，是德國哲學家**海德格***。他在1927年出版的《存在與時間》裡，將人（他稱之為「此在」）定義為「在世存有」，嚴厲批判傳統的思想。

但是，從常識來看「在世存有」，會覺得這個定義毫無意義，因為「人本來就存在於世界裡」。那海德格提出這個定義的動機是什麼呢？

海德格為這個定義設想的相對概念，是**笛卡兒***稱之為「世界」的宇宙大自然。由自然科學探索的宇宙，就是笛卡兒的世界。對於這種自然科學的世界，海德格提出了截然不同的「世界」。

海德格以人使用工具的場面，來解釋他所設想的「世界」。例如槌子是根據敲釘子的用途（為了敲釘子）來使用。

而敲釘子是為了蓋房子。因此，世界是由各個「為了～」指

涉相關的整體所建構而成。

海德格將這指涉相關的整體性稱作「意蘊（Bedeutsamkeit）」，這就是「世界」。

海德格用下列這段獨特的措詞來解說這個狀況。這段文字很難閱讀，各位可以一邊想像使用工具的場面來讀下去。

> 此在以自我指引的樣式先行領會自身；而此在在其中領會自身的「何所在」就是先行讓存在者向之照面的「何所向」。作為讓存在者以因緣存在方式來照面的「何所向」，自我指引著的領會的「何所在」就是世界現象。[4]

海德格將笛卡兒所謂的自然科學世界（宇宙）中存在者的存在，稱作「現成存有（Vorhandensein，手前存有）」；另外將以工具意蘊來理解的存在者存在，稱作「用具存有（Zuhandensein，及手存有）」。人根據意蘊來理解並使用這種用具性的存在者，所以人的存在就是「在世存有」。

這種存在方式，並不是一種將物理性的自然當作事物來觀察的態度，而是以更緊密的形式與世界往來的關係，也可以說是在建立理論以前的實踐態度。這個實踐的整體即是「世界」。

由於海德格的措詞獨特，可能會讓人看得一頭霧水，總之**在相同的「世界」裡，是關注事物的整體，還是意蘊的連鎖關係，會帶出截然不同的樣貌**。海德格是依據工具的使用，將個別及其相關的整體稱作「世界」。

Column

大家可以從上面的引文看出，海德格的措詞和文筆在哲學當中特立獨行。儘管他年少有為、廣受矚目，但他的思想卻得不到普遍

的理解，即使取得教授的職位，也在教學時吃足了苦頭。不過，海德格的曠世巨作《存在與時間》出版後，一夕之間就成了暢銷書。之後便有許多人模彷他的文筆，以為像他那樣異樣的行文才是有哲學風格的文章。不過希望各位可以明白，海德格這類的文章終歸是例外，不代表哲學向來如此。

> **馬丁・海德格**：請參照 Basic 10。

> **勒內・笛卡兒**：請參照 Basic 12。

世界是所有發生的事物

　　奧地利哲學家**維根斯坦***將「世界」的概念，表達得非常簡潔有力。他在著作《邏輯哲學論》開頭給「世界」的定義，是每個人在思考「世界」的概念時，都值得作為依據的論點。

　　《邏輯哲學論》一書中，根據邏輯的嚴謹度做了編號，當中位居第一原理地位的就是關於「世界」的定義，如下所示：

> 1. 世界就是所發生的一切東西。
>
> 1.1 世界是事實的總和，而不是物的總和。
>
> 　1.11 世界是由事實以及這些就是一切事實這個情況決定的。
>
> 　1.12 因為事實的總和既決定一切所發生的東西，又決定一切未發生的東西。
>
> 　1.13 在邏輯空間中的事實就是世界。
>
> 1.2 世界分解為事實。[5]

這段明確表達出「世界」是什麼，但可能又因為過於簡潔，反而讓人不明所以。例如「發生的東西（was der Fall ist）」、「事實（Tatsache）」、「物（Dinge）」，這些詞的意涵似乎有點奇妙，到底它們想表達什麼呢？

首先，「發生的東西」是指實際發生在現實的事物。例如我有兄弟姊妹，那我還會有其他可能性（獨生子）嗎？雖然我有很多種可能性，但現實中只會出現其中一個。這種現實發生的東西全部相加起來，即是「世界」。

「事實」和「物」是對比的概念。「事實」表達的是「物如此這般」，「貓」和「狗」之類的都屬於「物」，而「貓爬樹」和「狗吠叫」的狀態屬於事實。維根斯坦認為，世界並不是物的總和，而是「物如此這般」的事實總和。

因此，**即使世界是整體，但不論集合再多「物」也不會構成世界**。這裡所說的「事實」，用語言來比喻的話就是指文章，而非單字。**世界的成立是以可用文章表達的事實作為元素**。

維根斯坦定義的「世界」乍看之下很抽象，卻是涵蓋最廣的「世界」定義。

Column

維根斯坦在20世紀哲學中，被視為是英語圈的分析哲學創始者。分析哲學一般分為前期和後期，不過維根斯坦與兩者皆有關，他可以算是代表整個分析哲學的歷史。前期的「分析哲學」稱作「邏輯實證主義*」，《邏輯哲學論》對這個時期影響深遠。但是，維根斯坦後來改變了觀念，開始發展後期思想。分析哲學受到他後期思想的影響，而掀起了一陣日常語言哲學的思潮。

> **路德維希‧維根斯坦**：請參照 Basic 5。

> **邏輯實證主義**：20 世紀上半葉發源於維也納的哲學學派（維也納學派）思想，主張只有邏輯學、數學這些知識及可經過實證的科學，才是真的知識。

世界不存在

　　到了21世紀，德國哲學家**馬庫斯‧加百列***讓「世界」這個詞又再度受到矚目。他在2013年出版的《為什麼世界不存在》，成為哲學類書籍中破格的暢銷書，讓他一躍成為明星哲學家。

　　但是光從書名來看，卻難以想像他的意圖。他怎麼說得出「為什麼世界不存在」這句話，而他又是如何思考「世界」的呢？

　　他延續了維根斯坦定義的「世界是事實的總和」，由此可見世界是最大的領域。如果比較一下「世界」和「宇宙」，就一般的印象來看，會覺得「宇宙」比「世界」更遼闊（世界在宇宙之中）。然而從定義來看，「宇宙裡發生的所有事」都是屬於「事實總和」的一部分，因此反而可以說「宇宙在世界之中」。

　　這裡要注意的是，加百列在思考是否「存在」之際，導入了「意義場」的概念。用句型來表達的話，就是「A存在於X的

意義場」。

舉例來說，獨角獸存在於神話的意義場，不存在於自然科學的意義場；我所做的夢存在於記憶的意義場，不存在於現在知覺的意義場。

因此，我們必須認知到，並非所有事物都會無條件存在，而是只會存在於「X的意義場」。那麼我們就根據這個形式，來重新追尋世界是否存在，也就是追問「世界存在於X的意義場裡嗎？」

這時，X比世界更大，因為「世界存在於（in）X的意義場裡」。

然而從「世界」的定義來看，這是不可能成立的，因為「世界」是最大的領域，我們無法設想一個涵蓋了世界的「X」。所以結論就是「世界」不存在。

各位或許發現了，這個論證法與從上帝的定義出發、導出上帝存在的「上帝存在的本體論證」十分相似。加百列的論證是從「世界」的定義出發，進而導出世界不存在，作法相同。

加百列想透過這個邏輯論證主張什麼呢？他的基本思想是**批判現代自然主義的傾向──認為自然科學的「宇宙」比「世界」更大，只將存在的事物視為物理上的事物及其過程，除此之外毫無意義**。例如將心靈的活動還原成大腦的運作及其過程，理解大腦就等於理解心靈。

加百列想要主張的，是除了自然科學上的宇宙以外，心靈還有很多特殊的狀況。因此他說了以下這句奇妙的話，但可以充分理解他想表達的意思。

> 我們的星球、我的夢、演化、馬桶刷，甚至月亮上的獨角獸，它們通通都存在。一切都存在，除了世界。[6]

> **馬庫斯・加百列**：20−21世紀的德國哲學家，現在廣受矚目的當紅年輕哲學家。2013年出版的《為什麼世界不存在》是哲學書當中破例的暢銷書。他也經常出現在日本媒體，被封為「哲學界的搖滾巨星」。

生物有自己的世界嗎？

　　客觀來說，動物與人生存於同一個「世界」；那動物和人是「活」在同一個「世界」嗎，也就是說，兩者看見的是同樣的「世界」嗎？

　　20世紀初，生物學家**魏克斯庫爾**＊提出了「環境界（Umwelt，周遭世界）」的概念，說明生物與人所見的世界、生活的世界都不同。這個思想對哲學造成很大的影響，在現代已經是基本的知識。

　　生物本來就會因物種而異，所以無法一概而論；而更適當的說法是，各個物種的生物都有各自不同的獨特世界。例如魏克斯庫爾如此描述「海洋生物」：

> 　　假定所有海洋生物都活在共同一致的世界，這是觀察者的目光僅停留在表面所形成的認知。更周詳的研究結果顯示出一個基本的事實：這群呈現出巨大差異的生命型態，都有該生命固有的「環境（環境

界）」，這個「環境（環境界）」存在於該動物的體制與互相規範的關係之中。[7]

由此可見，各個物種的動物都有各自不同的「世界」。魏克斯庫爾為了說明這個現象，經常舉壁蝨為例。

根據他的說法，壁蝨沒有視覺和聽覺，卻有靈敏的嗅覺、觸覺和溫度覺，所以壁蝨會在樹上等待獵物靠近，當恆溫哺乳類動物經過牠下方時，牠就會跳下去、附著在散發出丁酸氣味的動物體表上，找出沒有毛的皮膚吸血。

對壁蝨來說，世界不可見、不可聽，而是由溫度、氣味和觸覺建構而成。壁蝨有壁蝨的世界，與其他動物的世界截然不同。

將這個觀點拓展到人身上的話，便可以說**沒有一個所有生物共通的世界，「世界」會依各個物種來劃分**。同理也可以套用於人和他飼養的寵物狗，人和狗活在完全不同的「世界」裡。

但問題在於，是否還有另一個「世界」獨立於人和其他動物的「世界」之外，還有為什麼人可以設想出其他動物的各種「世界」。人活在有別於其他生物的獨特世界，同時也能夠設想其他動物的世界——這個觀點正面臨了很大的考驗。

Column

魏克斯庫爾雖然是生物學家，卻對20世紀的哲學影響深遠。例如當海德格在《存在與時間》裡發展「世界」理論時，就引用了魏克斯庫爾的「環境界（Umwelt）」概念。不過海德格提出的，是比事物更貼近人類的工具性存在者所構成的世界，而非生物固有的世界；就像動物棲息在自己的「環境界」一樣，人則是熟悉

工具性的環境界。

> **魏克斯庫爾**：19－20世紀的德國生物學家。主張各個動物都有符合其物種的
環境世界，並稱之為「環境界（Umwelt）」。同時也影響了海德格的《存在與
時間》。

不同的語言和文化會造就不同的世界嗎？

　　如果人和動物各自活在不同的世界裡，那是全體人類都活在同一個「世界」裡嗎？因為人也有生活地區和社會的差異，使用的語言和文化也大相逕庭。

　　既然動物會依物種形成不同的「環境界」，那人不就會因為語言和文化形成不同的「世界」了嗎？

　　過去在思考語言和文化之於人的意義時，主要是採取演化論式的思維，認為非洲和亞洲這些區域的文化比西洋文化低等，將這些文化視為漸進式發展的其中一個階段來分別排序。

　　但是，這種階段式演化的思維是受到殖民主義的影響，現在已不再採用。取而代之的是文化相對論，這是 20 世紀下半葉最流行的思想，至今仍具有影響力。

　　既然文化不同，那各個語言和思維也會不同，就像是住在截然不同的世界裡。應該很多人都同意這個觀點。

　　沙皮爾－沃爾夫假說則是補充了這個觀點。這是提倡文化相

對論的人類學家法蘭茲・鮑亞士的學生**愛德華・沙皮爾***建立基本架構，再由其學生**班傑明・李・沃爾夫***完成的理論。一般又稱作語言相對論*。

> 語言是「社會現實」的指南。（中略）「現實世界」很大程度是由該語言群體的習慣在無意識中塑造而成。兩種語言不可能相似到足以表達出相同的社會現實。只要定居的社會群體不同，就是處於不同的世界，不是在同一個世界裡貼上不同標籤這麼簡單。[8]

　　無論是文化還是語言，都會影響人的認識和理解。但是實際上，語言和文化的不同究竟會造成多大的差異，其中又是什麼樣的機制，這方面還不夠清楚。所以，沙皮爾－沃爾夫假說至今仍停在「假說」的階段，尚未獲得證明。

　　雖然有好幾個實例可以解釋這種相對性的「世界」認知，但人居住的「世界」差異有多大，那又是另一個問題了。

＞**愛德華・沙皮爾**：19－20世紀的美國人類學家、語言學家。師從人類學家法蘭茲・鮑亞士，和學生班傑明・李・沃爾夫共同提出「沙皮爾－沃爾夫假說」。

＞**班傑明・李・沃爾夫**：19－20世紀的美國語言學家。追隨沙皮爾學習語言學，兩人一同建構「沙皮爾－沃爾夫假說」。

＞**語言相對論**：主張語言的差異會改變人的認知，理論的根據是「沙皮爾－沃爾夫假說」。

多個可能世界

　　探討「世界」時，未必只能思考現實中存在的世界。雖然歷史沒有「如果」，但我們還是可以問「如果納粹德國贏了第二次世界大戰，那世界會變成什麼樣子？」或許可以想像出與現在截然不同的世界。

　　這種設想稱作「可能世界理論」，最早是 18 世紀**萊布尼茲***提出的知名理論。萊布尼茲在著作《神義論》裡探討這個議題，但是從書名可以看出他預設了上帝存在。對上帝而言，不同於現實世界的其他世界也可能存在，但祂選擇創造了其中最好的一個作為現實世界。萊布尼茲對創造出來的現實世界的論述如下：

> 　　我把「世界」稱為所有現存事物的完整繼承和整體凝聚，以免有人說：可能曾有多個世界在不同時間和不同地方存在過。因為這些事物必須匯聚在一起被看作一個世界，或者，如果你願意，可以看作一個

「宇宙」。即便人們應該填滿所有時間和所有地方，但這仍然是真實的：人們可以用不計其數的方式填滿它們，而且在諸多世界中，上帝必須挑選最好的。[9]

　　萊布尼茲認為，**「可能世界」就是在這之中發生的事情不會互相矛盾的世界**。我們可以想像出無數個這樣的世界，而在想像出的無數個可能世界裡，上帝選出了最好的一個來創造成現實世界，所以現實世界是最好的世界。

　　這個可能世界理論與**「可能」**、**「偶然」**、**「必然」**這些模態概念*有關。但若是用模態概念來思索命題的真假，會造成很多問題。

　　例如「納粹德國在第二次世界大戰中戰敗」，這個命題在現實世界為真，但也可以設想一個納粹德國勝利的可能世界。既然如此，這個命題就是出於偶然才為真，不具備在任何一個可能世界都會發生的必然性。這麼說來，難道是創造了現實世界的上帝孕育出了偶然的真理嗎？

　　該如何定位可能世界與現實世界的關係，這是 20 世紀下半葉哲學家之間的熱門話題。萊布尼茲在 18 世紀初提出的這個討論，以新的形式引發了論爭。

Column

模態概念是表現事物發生的方法，是從亞里斯多德的邏輯學以來持續探討的問題。例如時間模態包含了過去、現在、未來，存在模態包含了全稱（全部）、特稱（某個），另外還有規範模態和認識模態等等。其中最重要的，是傳統上一直在探討的真理模態（必然、可能）。可能世界理論加上真理模態，就會造成問題。比方說「納粹德國戰敗是必然」，這句話代表納粹德國戰敗在任何

一個可能世界都會發生；但如果說「〇〇是可能的」，就可以設想，也可以不設想發生了〇〇的可能世界，所以〇〇是偶然的。

> **哥特弗利德・萊布尼茲**：請參照 Basic 7。

> **模態概念**：事物存在或發生的方式稱作「模態」，而表述這個現象的就是模態概念。例如「～是必然的」「～是可能的」這些表述，就稱作模態概念。自古即有的模態概念，有存在模態（全稱「全部～」、特稱「某個～」）、時間模態（過去、現在、未來）等等。

如何製造世界？

　　談到世界，大家或許都認為那是所有人共有、客觀且獨一無二的。

　　但是，美國哲學家**納爾遜・古德曼***卻認為，**人會藉由塑造「樣式」來「製造世界」**。這裡所說的樣式是指<u>符號系統</u>，所以也可以說，世界是符號系統的產物。

　　這個思想可以歸結出世界的複數性，因為符號系統包羅萬象。

　　例如用物理學的符號系統描述的世界，與夏目漱石的《心》裡描述的世界截然不同；亞馬遜河流域原住民的「世界」，和美洲原住民因努伊特人的「世界」使用的語言不同，也因此製造出不同的世界。

　　既然存在著很多尖銳對立的不同世界樣式是一個不容置疑的事實，（中略）那麼多不同的世界樣式都有其各自獨立的興趣和意義，它們

既不要求也不假定可以被還原為一個唯一的基礎。[(10)]

這段話反駁的是主張「物理學才是涵蓋一切的卓越系統」的物理主義。各個不同的樣式並不能全部還原成正確、唯一的基礎。

的確，夏目漱石的世界和物理學的世界各自獨立，並不能還原成任何一方，或是由任一方吸收。

從這個意義來看，雖然有許多個世界，但意思並不是「有複數個可能世界」，有的只是以多種描述方法呈現的現實世界。

這種思想一般也稱作「建構主義」，**世界不是一種存在，而是建構出來的產物**。

既然世界可以製造出許多個，那可以選出哪個才是正確的世界嗎？這時需要確定的是，符號系統並沒有特別去預設「世界」本身，所以無法讓不同的樣式對應「世界」。

於是，古德曼的建構主義便導向了「根本的相對主義」。有多種世界的樣式，而且我們無法斷定它們的優劣。

20世紀下半葉，文化相對論在全球掀起熱潮。而讓這個理論在哲學中擁有一席之地的，正是古德曼的世界製造理論。

Column

古德曼的世界製造理論，在21世紀「唯實論」復甦以後，遭到年輕哲學家**馬庫斯・加百列***和**保羅・博格西安***批判。博格西安將古德曼視為現代建構主義的起源。

＞**納爾遜・古德曼**：20世紀的美國哲學家。對邏輯學、美學造成許多影響。在
　1975年出版的《構造世界的多種方式》裡提倡某種建構主義，引發爭論。

＞**馬庫斯・加百列**：請參照Basic 60。

＞**保羅・博格西安**：20－21世紀的美國哲學家。在2006年出版的《對知識的
　恐懼》中批判建構主義，支持客觀的真理。

自
然

Chapter7 ——— Nature ———

如何理解自然

「自然科學」一詞，讓大眾把「自然」視為專門的科學對象，一直以為將自然當作一門學問的是科學，科學探討的就是自然。

但是，**自然與其說是科學的研究對象，不如說它本來就是人的生活基礎**。就像魚在水中游一樣，人也是在自然中活動。

既然如此，那「自然」對人來說最初的意義是什麼呢？在這個部分，我們要來看哲學如何理解「自然」。

首先，「自然」一詞的起源，可以追溯到希臘語的「physis（φύσις）」。這個詞來自動詞「phyein」，主動式是「分娩」、「生長」的意思，被動式則是「出生」、「萌發」、「完成」的意思。

　　因此，作為名詞的「physis」意思就是「出生」、「生長」，並引伸出「與生俱來的性質」、「原生的本性」，又可以指「自然天性」。

　　這裡的重點在於，自然和人為、造作是對義詞。例如在柏拉圖的對話錄《克拉底魯篇》裡，就在討論詞語是「自然（physis）還是人為（nomos）」。

　　自然和人為的對立，亦可見於中國思想的「自然無為」和佛教的傳統。

　　但是，基督教認為自然是由上帝所創造，稱之為受造物（creatura），所以中世紀幾乎都是以「天性」的意義使用natura一詞。

　　到了近代，「自然」的含義有了大幅轉變。中世紀以前的人在理解自然時，是以生物為模型來理解；不過近代是用機械唯物論的觀點看待自然，排除了自然與生命的類比。

　　因此，「自然」徹底物化，變成能用數學解釋的對象。

　　現代隨著科技的發達，或許有機會消除自古希臘時代以來「自然（physis）」和「人為（nomos）」的對立。

自然哲學與自然科學有什麼差別？

　　現代提到自然，大家都以為是一門由科學探索的學問。實際上，自然科學的發展顯然沒有哲學介入的餘地。這種自然科學是從何時開始發展出來的呢？

　　伽利略和牛頓等人的研究，掀起了近代的科學革命，所以普遍來說，16世紀中葉或許可以視為自然科學的起點。如果這是常識的話，那**牛頓***（1642～1727）的名著《自然哲學的數學原理》這個書名豈不是令人詫異嗎。

　　這本書出版於1687年，所以需要留意當時對自然科學一詞的使用方式，因為牛頓認為自己的研究是「自然哲學」。

　　現在所謂的科學一詞，是翻譯自science（英語）和Wissenschaft（德語），更早的詞源可以追溯到拉丁語的scientia。這個詞來自動詞的scio（知道），**意思是知識、理論和學問**。

　　也就是說，不論是英語的「science」還是德語的

「Wissenschaft」，起初在近代都是當作「知識」或「學稳」的意思來使用。

英語的「science」是在各個學問逐漸分化獨立的19世紀中葉以後，才演變成我們現在熟悉的「科學」的意思。

德語的「Wissenschaft」則是更後面才出現的詞。現代要用德語指稱「科學」時，還是有人會使用英語的「science」。

日語和中文的「科學」，在語感上也是沿襲英語的「science」。

因此，「自然科學」這個詞的運用還不算太久，甚至不滿兩百年。所以**現在視為自然科學的學問，在過去都屬於正統的哲學研究**。

從這個背景，我們也能知道「博士」這個稱號為什麼要標示成「Ph.D.」了。它就是英語Doctor of Philosophy（拉丁語為 Philosophiae Doctor）的縮寫。

字面直譯是「哲學博士」，不過想當然，現在已經不僅限於「哲學」，而是所有領域的學位都能獲頒這個稱號。例如「工程學博士」會標示為Ph.D. in Engineering，意思是「工程學領域的哲學博士」。

這麼看來，要探討是「自然哲學」還是「自然科學」的問題，就必須了解「自然」和「科學」這兩個詞在歷史上的演變。

所以，「牛頓的自然科學和自然哲學有什麼差別？」這個疑問本身就包含了問題。

16世紀以來用「自然哲學」的名義探索的學問，是到了19世紀以後才重新定義成「自然科學」。大家都需要充分了解這段歷史的變遷。

過去視為「自然哲學」的學問，後來都重新定義成「自然科學」，但並不是所有「自然哲學」都變成了自然科學。現代視為「自然哲學」的學問，探討的是「自然究竟是什麼？」「自然對人來說有什麼意義？」「人要對自然採取什麼態度？」等問題。自然當然不僅限於科學方面的研究，自然科學式的研究終歸只是其中一個方法而已。

> **艾薩克・牛頓**：17－18世紀的英國物理學家、數學家。發現萬有引力定律，奠定了近代科學的基礎。1687 年出版的《原理》，原始書名為《自然哲學的數學原理》，為自然哲學書籍。

自然喜歡隱藏自己

現代的「自然」一詞是譯自 nature，詞源是拉丁語的 natura，若再進一步追溯到希臘語，那就是「physis（φύσις）」。海德格對希臘語 physis 的含義解釋如下：

> φύσις 這個詞說的是什麼呢？說的是自身綻開（例如，玫瑰花開放），說的是揭開自身的開展，說的是在如此開展中進入現象，保持並停留於現象中。簡略地說，φύσις 就是既綻開又持留的強力。[(1)]

因此，physis 是指**「自身綻開之物」**，而古希臘時代的自然哲學家**赫拉克利特***也說過，**「自然喜歡隱藏自己」**。雖然 physis 是會顯現的東西，那為什麼它又喜歡隱藏呢？

赫拉克利特認為，已顯現的東西，是與之對立的表象之下的現象。好比說「生與死、清醒與沉睡、青春與年老其實都是一樣的」，「海水最清澈也最污濁」。但是，我們需要理解存在於

這些對立之中、控制它們的「一」。於是赫拉克利特用「喜歡隱藏」來形容這個一。

這種 physis 隱藏的秩序稱作「邏各斯」。邏各斯具有二義性，一方面是指比例、秩序和法則的意思，另一方面也有「語言」的意思。因此我們可以說 physis 的邏各斯，還有人的邏各斯。以下引用赫拉克利特的話來說明這兩者：

> ①**physis 的邏各斯**⋯於此恆久有效的邏各斯，人們總證明其不解，無論在聽到之前，還是聞及之後。因為，雖萬物的發生與此邏各斯吻合，人們在體驗我所提供的言行之時，仍然一如毫無經驗者。
>
> ②**人的邏各斯**⋯即使穿越每一條路，人也永遠不能發現靈魂的邊界——它擁有的範圍如此之深廣。(2)

這樣應該就能理解 physis 和邏各斯的關係了。physis 是會「自身顯現」的東西，但這個現象裡會出現對立或矛盾，所以需要掌握隱藏在這對立表象中的秩序（邏各斯）。當然，要發現邏各斯並沒有那麼簡單，它常常隱藏起來，所以哲學才會在探索邏各斯的道路上前進。

Column

赫拉克利特是蘇格拉底以前的哲學家當中，至今仍深受歡迎的一位。他遺留的殘篇很少，而且都相當簡短，所以很多文章都令人費解。其中「萬物流變（panta rhei）」概念，是現代經常引用的慣用句。不過，他的文章「晦澀難解」在那個時代是出了名的，必須讀完整篇文章才能解讀其中的寓義。但是，或許就是因為難解才會受歡迎。若是一看就懂的話，任誰都不會想反覆閱讀吧。

＞**赫拉克利特**：西元前6－前5世紀的古希臘哲學家。主張萬物的根源（始基）
　是「永恆的活火」，一切都會生成並消滅（萬物流變）。

順應自然而活

斯多葛主義的創始人**芝諾**＊，將人的生活方式描述為「要順應自然而活」。斯多葛主義者從古希臘時代一直活動到古羅馬時代，其中心思想就是身為始祖的芝諾的這句教誨。因此，這是斯多葛主義最著名的教義。

芝諾一直到98歲以前都十分健康，不曾生過病，直到有一天他摔了一跤，折斷了腳骨。當時他憤而搥打地面說「我才正要走呢」，就這麼嚥下了最後一口氣。後世對這段故事的紀錄如下：

> 為此，芝諾第一個在《論人的本性》中說，人的目的就是要與自然相一致地生活，也即依照德性而生活──因為自然會將我們引領到它那裡。[3]

斯多葛主義主張哲學可以**分成物理學・邏輯學・倫理學這三**

類，並整合為一。**自然的理性秩序和邏輯學的邏各斯（邏輯），都要與人生活中的德性一致**。「順應自然而活」就是這種立場的體現。

這裡需要注意的是，斯多葛主義的「順應自然而活」，意思是要順應「理性（邏各斯）」，對自然沒有情感上的關聯，需要排除所有情緒、過著禁欲的生活。這種立場就表現在斯多葛主義的理想「不動情（apatheia）」上，即排除（a－）激情（pathos）的態度。

既然如此，從芝諾的經歷來看，可以得知「順應自然而活」和「受自然療癒」的印象相去甚遠，是要排除自己的情緒、遵循宇宙邏各斯的嚴格生活方式。禁欲的英語「stoic」就是源自於斯多葛主義（Stoicism），可見斯多葛主義追求的「順應自然而活」，既不是「活得隨心所欲」也不是「受自然療癒」。

Column

斯多葛主義在同一時期有個勁敵叫作伊壁鳩魯學派，創始人是伊壁鳩魯（B.C.341～B.C.270）。伊壁鳩魯學派的宗旨是追求「內心的寧靜」，這個概念經常和斯多葛主義的「不動情」混淆。伊壁鳩魯學派的「內心寧靜」，是指不再受到激昂的情緒左右、保持平靜的狀態。至少「不動情」和「內心寧靜」在於脫離激情、追求心靈祥和這一點上擁有共識，甚至在當時還被視為是同樣的理念。

> **芝諾**：西元前4～前3世紀的古希臘哲學家。斯多葛主義的始祖，將道德視為唯一的善、旨在追求順應自然而活。

自然這本書是用數學的語言寫成的

　　到了近代，人們開始用數學來理解自然，就像伽利略說過的：「自然之卷是用數學語言書寫的；沒有它的幫助，連一個詞都理解不了。[4]」不過，伽利略實際上的意思是「宇宙」，而非「自然」。

　　不是只有伽利略提出「自然」和「數學」的組合，例如**笛卡兒***也說過以下這段話：

> 　　我不承認也不希望在物理學上有幾何學或抽象數學之外的原理，因為一切自然現象皆可以此原理解釋之，並給予它們以確實無疑的證明。[5]

　　這種利用數學來理解自然的作法，海德格稱作「自然的數學籌劃」。雖然這在現在已經是稀鬆平常，不過從傳統的自然理解方法來看，透過數學來理解自然是劃時代的做法。近代科學

預先做出了「以數學來理解自然」的根本性決定。反過來說，**無法用數學理解的自然就沒有吸引力**。

　　這種自然觀，一般稱作機械唯物主義的自然觀。中世紀以前的自然觀，是將自然當作一種生物，以目的論的自然觀為主流。相較之下，近代的自然觀則是將一切物質都視為機器零件，像是一個機關在運作。

　　這種立場也可以套用在觀察生物上。笛卡兒就舉了典型的機器例子來比喻人的肉體：「如果我把人的肉體（中略），當作是一種機器來看的話（略）。」人有精神和肉體，而笛卡兒更進一步從機械唯物主義的角度來理解肉體。

　　這種從近代開始用數學的觀點來理解外界自然和人類身體的做法，一直延續到了現代。雖然這為自然科學孕育出許多研究，但也可能會破壞自然本身。今後在思考科學和哲學的走向時，必須要重新思索近代對自然的理解。

圖22　笛卡兒對人的理解

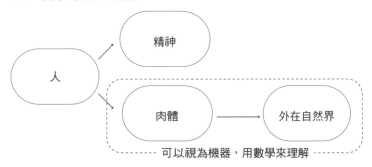

Column

以前的人把自然視為獨立於人類之外、支持人類生活的基礎，不過近年來，隨著環境問題日益嚴竣，人們開始徹底重新思考自然

的存在狀態。於是，近幾年提出了「人類世（Anthropocene）」的概念。這是用來取代「全新世」的地質學概念，旨在警告人對自然的決定性影響，已經到了破壞自然的程度。這是諾貝爾獎得主保羅・克魯岑強調的主張。但是，這個概念雖然是作為科學方面的概念而提出，但目前仍在爭論其適用的範圍。

＞**勒內・笛卡兒**：請參照 Basic 12。

把上帝當作自然理解

　　時代比笛卡兒稍微晚一點的**斯賓諾莎**＊（1632～1677）繼承了笛卡兒哲學的概念，改造成截然不同的思想。關於自然的思想就是其中之一。

　　笛卡兒將「實體」這個傳統概念，分成無限的實體和有限的實體。「實體」的意思是不需要其他東西就能存在（獨立自存），而最符合這個定義的就是作為無限實體的「上帝」。但是，笛卡兒也將上帝創造的有限精神和物體視為「實體」，他的機械唯物主義自然是由物體所構成。

　　那麼，斯賓諾莎如何看待精神和物體呢？他認為這兩者都是作為唯一無限實體的上帝的屬性，精神和物體並非各自獨立存在的實體，而是上帝的屬性。

　　這種思想的改造看似只有名稱不同，實則呈現出截然不同的自然觀。

　　因為，斯賓諾莎並不像笛卡兒將上帝、精神和物體定義為

各自獨立的「實體」，不再將上帝和自然、精神和物體視為不同的存在。上帝是精神也是物體，斯賓諾莎用「上帝即自然（Deus sive Natura）」來體現這個思想。

　　斯賓諾莎將自然等同於上帝，當時他為了描述「自然」而用了兩個概念，即「能動的自然」和「被動的自然」。這兩者有什麼差別呢？

> 　　我要在這裡先解釋一下，也可以說是提醒一下，所謂「能動的自然（natura natrans）」與「被動的自然（natura naturata）」的意義。（中略）「能動的自然」是指在自身內並通過自身而被認識的東西，或者指表示實體的永恆無限的本質的屬性，換言之，就是指作為自由因的神而言。
> 　　但「被動的自然」則是指出於神或神的任何屬性的必然性的一切事物，換言之，就是指神的屬性的全部樣式，就樣式被看作在神之內，沒有神就不能存在，也不能被理解的東西而言。(6)

　　簡單來說，**能動的自然＝上帝，被動的自然＝自然（受造物）**。斯賓諾莎在這裡使用了「自然」在語言上的多義性，主張生產的上帝與被生產的自然都是同一個東西。

　　若是像斯賓諾莎一樣將上帝等同於自然，那自然就不再是笛卡兒主張的機械唯物主義的存在，反過來說，也可以被視作其本身擁有力量的精神上存在。這個觀點後來由浪漫派哲學繼承，其代表哲學家謝林將自然等同於精神。

Column

斯賓諾莎的主要著作是《倫理學》，但內容卻不像「倫理學」，而是像幾何學書一樣闡述公理和定理，以數學式的論證方式進行討

論。對他而言，這種形式才是嚴謹的學術做法，卻很容易令初學者排斥。不過，只要忽略論述手法，書中的內容依然趣味十足。舉例來說，**斯賓諾莎用自己的力量變大或變小，來解釋「善惡（好壞）」的概念**。也就是說，對我來說「好」的事物可以增加我的力量，「壞」的事物會降低我的力量。這個想法在現代也非常通用。

> **巴魯赫・斯賓諾莎**：17世紀的荷蘭哲學家。雖為猶太人，但遭到猶太教會開除教籍並驅逐在外。雖然受到笛卡兒的影響，卻主張上帝是唯一的實體、提倡一元論。

「自然」是一種虛構

「自然」這個概念在近代的社會契約思想中，扮演了重要的角色。起初自然被預想為「自然狀態」，接著又提到「自然法」和「自然權」，由此延伸出由社會契約建立國家的理論。

社會契約思想是英國的霍布斯和洛克、法國的盧梭等人發展出的思想。雖然嚴格來看，思想內容會因主張者而異，不過他們同樣都是從「自然狀態」發展到利用社會契約來組織政治社會。

這裡需要注意的是「自然狀態」，它是一種假定的虛構概念。例如，**盧梭**＊在著作中寫道：

> 自然狀態中不利於人類生存的種種障礙，在阻力上已超過了每個個人在那種狀態中為了自存所運用的力量。於是，那種原始狀態便不能繼續維持；並且人類如果不改變其生存方式，就會消滅。[7]

　　盧梭便由此提出了「社會契約」思想。他的解釋是「要尋找出一種結合的形式，使它能以全部共同的力量來衛護和保障每個結合者的人身和財富，並且由於這一結合而使每一個與全體相聯合的個人又只不過是在服從自己本人，並且仍像以往一樣地自由」。

　　盧梭認為社會契約建立出的結社型態，是由「公共意志」來控制。放棄自己的特定意識、依循公共意志，就能得到自由。

　　但是，公共意志如何實現個人的自由，卻沒有得到充分的說明。

　　公共意志動輒被批為打壓放棄特定意志的個人，有獨裁的傾向。社會契約的初衷是保障個人的自由，結果卻適得其反。

　　其根本的原因可能在於作為起點的「自然狀態」。英國哲學家**休謨***認為，社會契約論預想的「自然狀態」，不論在歷史上追溯到多久以前，都是一種不存在的虛構。換言之，**社會契約論預設最初的那個「自然狀態」是虛構出來的**。真的可以根據虛構來論述現實政治社會的成立嗎，這個問題需要重新再思考。

> **尚一雅克・盧梭**：18世紀的法國哲學家。1762年出版《社會契約論》，被視為社會契約思想的代表人物。另外也提出教育理論和學問藝術理論，還寫過小說，才華洋溢且擁有多面性，很難用統一的方式理解其思想。

> **大衛・休謨**：18世紀的英國哲學家。繼洛克、柏克萊之後的英國經驗主義代表哲學家，因破解了康德的「沉睡之獨斷論」而聞名。批判因果關係的客觀性，採取懷疑主義。

將人的環境視為風土，而非自然

　　在思考環境對人造成的影響時，該把它理解成自然現象嗎？這時我們會設想一個物理性的自然，將人視為生物學、生理學上的存在。但是，環境對人是以更直接的形式貼近日常生活。人對環境的感受與其說是客觀的「自然」，不如說是更切身的「風土」。

　　日本哲學家**和辻哲郎***依據這個觀點寫成了《風土》一書，描述了日本文化特有的風土。他所謂的「風土」，是「一片土地的氣候、氣象、地質、土質、地形、景觀的總稱」，有各個文化特有的風土感受方式，與自然現象有別。

　　和辻之所以會構思出這種「風土」論，是**因為若居住地區和文化不同，環境對人的影響也會不同，對事物的感受和想法、行動模式都會出現決定性的差異**。他在留學歐洲後，深深體會到日本與西方的差異，根據這段經驗提出自創的風土論。那他具體上是如何區分風土的呢？

　　和辻提出了三種風土的類型，分別是①季風型、②沙漠型、③牧場型。由此可見，他是依照亞洲地區、伊斯蘭教地區、西洋地區來截取出其中的風土差異，而且他主要關注的是屬於季風型的日本風土特性。那日本人的特質是來自什麼樣的風土特性呢？

> 人之存在具有歷史的、風土的特殊構造，這一特殊性由於風土的侷限性而被明顯劃分為幾種類型。（中略）所謂「季風型」是指生活在季風地帶的人的存在方式。我們的國民在這種特殊的存在方式上是屬於季風型的，即感受性強、善於忍耐。[8]

　　日本這種感受性強、善於忍耐的作風，再加上「颱風式性格」，顯現出季節性、突發性的特質。日本人確實看起來很有耐性，偶爾也會突然爆發，無法單純歸類於季風型。

　　這麼看來，和辻的「風土」論感覺更像是日本文化論或是日本人論的原型。姑且先不論他的日本風土論有何不妥，至少這個構想具有獨創性，並展現出重要的觀點。

Column

和辻哲郎構思出的風土論，是為了對抗德國哲學家海德格。兩人同一年出生（1889年），和辻留學德國時師從海德格，深受《存在與時間》的影響，同時也構思出與之對抗的哲學思想，這股熱忱值得肯定。某種意義來說，和辻是想要針對海德格的概念分別建立對抗的思想核心。海德格注重於人的時間性來談論歷史性，和辻則是著重於人的空間性而構思出風土性。和辻的這個思想，日後也形成了和辻倫理學體系。

> **和辻哲郎**：請參照 Basic 15。

也要賦予自然權利

Basic 72

「權利」這個概念通常用於人或人際關係的場面，所以我們會理所當然地談論「人權（人的權利）」。那相對地，我們可以說「給自然權利」嗎？「動物的權利」或「樹木的權利」也能到認同嗎？

以前的人或許會對這個觀點一笑置之：「動物怎麼可能有權利」、「說樹木生長的那塊土地主人有權利還算合理，但是說樹木有權利未免也太好笑！」但是在 1970 年代以後，環保意識興起，狀況有了很大的改變。其中最典型的就是「自然的權利」。**羅德里克・納許***在著作《大自然的權利》當中寫道：

> 思考這個問題的一個方法，是考察倫理學從關心人類特定群體的天賦權利（natural rights）到關心大自然中的部分存在物，或（某些理論家主張的）所有自然物的權利的進化過程。對「權利」一詞的這種使用帶來了大量的混亂。（中略）有些人是在哲學或法律的特定意義

上使用這個詞的，有的人則用它意指大自然或其中的一部分所具有的人類應予尊重的內在價值。[9]

如今，在法律上也開始要求動物和植物，甚至是自然全體的權利，或是脫離人類中心主義、承認自然的價值。

以前權利只會賦予人類，除此之外的生物和無生物都沒有權利。人類以外的物被視為人的手段或工具，從未思考過其價值。

到了20世紀下半葉，環保運動以美國為中心開始盛行後，人們提出「也要賦予自然權利」的主張。但是，當權利概念擴張到這個地步，就需要再重新思考「權利」的意義，探討過去不可能探討的問題——什麼是賦予「自然」權利。

Column

是否要為了保護大自然而賦予自然「權利」，造成了意見分歧。因為就算不用「權利」這個概念，也有很多應當保護的對象。這個思想奠基於對解放運動的理解。主張動物權利的人，是從解放黑人、解放女性、解放同性戀的運動延伸出動物的解放。這類解放運動，讓傳統上理所當然的歧視，在解放後成為不能容忍的心態。這是基於平等原則，賦予動物權利就等於是認同人類與動物平等。但這裡需要注意的是在談論「平等」時，探討的究竟是「什麼的平等」。

> **羅德里克・納許**：20–21世紀的美國環境史學家。目前仍精力充沛地從事環保運動。

Basic 73

自然孕育之物 和技術生產之物

　　現代德國哲學家**哈伯瑪斯***認為，「自然」如今因為科學的發展而正面臨危機。因為自古希臘延續至今對自然的理解，已經開始分崩離析。

　　為什麼會變成這樣呢？哈伯瑪斯設想了現代基因工程的發展，說了以下這段話：

> 　　當偶然的物種進化成為了基因工程可能介入的領域時，會讓我們必須對這樣的行為負起責任，隨之而來的，就是我們將難以界定原本在我們生活的世界中，可以明確區分的人造或自然生成的分類（sichentdifferenzieren）。[10]

　　哈伯瑪斯認為，我們所生活的世界一直以來都很熟悉**亞里斯多德***提出的分類。亞里斯多德區分了**①觀照自然的理論性科學**（物理學）、**②介入自然的創造性科學**（詩學）、**③依倫理行動**

的實踐性科學（倫理學）。考慮到①和②的分類，那就有自然生成之物和人造物的區別。

①觀照自然的理論性科學…自然生成之物
②介入自然的創造性科學…人造物

這個區別自古希臘以來，對我們來說都是不證自明的認知。然而隨著基因工程的科技發展，這個理所當然的區別消失了、造成一片混亂。

例如為了生小孩（自然生成之物），而用基因組編輯技術處理體外受精成功的受精卵。如果是沒有人工技術的自然狀態，會有重大遺傳性疾病發作的風險，所以在受精卵的階段先用基因組編輯技術刪除有問題的部分，就能生下不會罹患遺傳性疾病的小孩。那這個小孩經過技術性介入以後，就算是「人造物」了嗎？或者依然是個由母親生下的「自然生成」的生命體呢？

在思考這些時，「自然生成之物」和「人造物」的區分真的那麼混亂嗎？雖然這一點還無法肯定，但至少隨著科技的進展，確實需要重新考慮這兩者的概念區別。而且更仔細地想，我們還需要重新探討，是否能夠完全排除技術創造之物、找到「自然生成之物」的自然。

Column

哈伯瑪斯反對現代的生物科技，認為它會破壞自亞里斯多德以來的「自然」與「人工」的區別，不過我們應該可以逆向操作，也就是用現代科技要求的形式，改變我們的思維和概念。這一點也可以用來批判「人性尊嚴」的概念。雖然很多人反對生物科技，但當初主張「人性尊嚴」的康德，本來就沒有設想到現代這種操

控受精卵基因的狀況。因此在概念的使用上也需要留意。

> **于爾根・哈伯瑪斯**：請參照 Basic 8。

> **亞里斯多德**：請參照 Basic 2。

制
度

──── Institution ────

不
可
見
的
制
度

可
見
的
制
度
、

　　我們在生活中並不會特別察覺制度，像是出生在一個家庭裡、學習語言和風俗習慣、去學校和公司等等，多得不勝枚舉。

　　凡是人群聚集活動的場面，就會形成各種制度。說得極端一點，從出生到死為止，我們都會與制度共存。

　　當中有看得見的制度，也有看不見的制度。

　　但這些都如同空氣一樣讓人太過熟悉，根本不會去想制度是什麼。不過在各種場面的傳統制度已經開始動搖的現在，才更需要去探討制度。

　　制度的英語是institution，追溯到希臘語的詞源就是「νόμος（nomos）」，這個詞具體上是指法律、禮儀、習俗、法

令、傳統文化等規範。

　制度的型態涉及許多層面，無法一網打盡，不過只要考慮到語言、習俗、道德、政治、法律、藝術，或許多少可以想像出來。

　日本哲學家三木清在著作《構想力的邏輯》（1939）裡談到「制度」，列舉出了三個特徵。

**　一個是「擬制（fiction）」，另一個是「習俗（convention），最後是用「法律」強制約束個人。**

　也就是說，制度並非人類與生俱來，而是人為建構後形成社會性的習俗並固化，偶爾會化為約束個人的強制權力。

　各位應該可以體會到制度的廣度和深度了吧。因此，談論普遍性的制度，通常也無助於深入理解。在這個部分，我們就來看看制度具體的狀態，了解有哪些相關的哲學思想。

Basic 74

Physis（自然）與 Nomos（規範）是對立的嗎？

「制度」這個概念，歷史上最早可以追溯到希臘語的「nomos」，不過這個詞通常翻譯成「法律」或「習俗」，可視為強烈約束人民在社會上的行為和思考的規範。

這個詞在哲學裡之所以格外受到關注，是起因於「nomos」和「physis」的相對概念。它們原本並不是相對概念，是在**蘇格拉底***和**柏拉圖***的時期才開始當作相對概念來使用。

作為相對概念時，「nomos」通常理解為「人誤解的成見」，「physis」則是理解為「脫離成見獨立的真實」。例如著名的原子論者**德謨克利特***就說過，「色彩、甜辣滋味都是屬於nomos，只有原子和空虛才是真實」。

主張這種觀點的人，一般稱作「詭辯家」。詭辯家是指來自外國、教授辯論術的職業學者。在古希臘，高超的辯論技巧是在社會上出人頭地的方法，所以才會出現兜售辯論技巧的詭辯家。其中一位代表**安提豐***，就說了以下這段話：

　　所謂的正當，就是不違反自己住的國家習俗和法律，如果要利用這個正當為自己謀取最大的好處，只要有見證者在場時就尊敬法律習俗，無見證者在場時則尊敬自然天性即可。畢竟法律是人恣意制定的，自然天性才是必然的。[1]

　　這裡設想的局面是「〈nomos＝人為＝虛假〉VS〈physis＝自然天性＝真實〉」。蘇格拉底和柏拉圖雖然對這個對立的見解不同，不過在這個時期已經形成了「作為nomos的制度」的思想。

　　從此以後，**各方對制度的評論都不盡相同，但都需要考慮它在根本上與「自然天性」的對比**。

　　這時也提到了「成見」或「真實」的框架，但在如今看來，這個對比還需要再重新思考。因為習俗和習慣對人而言，就是真實。

＞**蘇格拉底**：請參照Basic 2。

＞**柏拉圖**：請參照Basic 2。

＞**德謨克利特**：西元前5－前4世紀的古希臘哲學家。將永生不滅的原子視為萬物的始基（起源），在古代提倡原子論。

＞**安提豐**：古希臘時代有兩位同名人物，一位是演說家（西元前5世紀），另一位是詭辯家，目前還無法確定兩位是否為同一人。詭辯家的安提豐談論的是法律與自然天性的對立。

成為第二自然的制度

　　自古希臘以來，人對制度的理解一直是在「規範與天性」的相對概念之下。但話說回來，制度可以視為與自然天性對立的人造物嗎？我們需要跳脫規範與天性的對立，以另一個觀點來探討。

　　因為，作為制度的習俗、法律，以及人性和行動等等，自古就稱作「第二自然」。換言之，**「規範」並非單純與「自然天性」對立，而是一直被視為「第二天性」**。

　　關於這一點，我們來看兩位有趣的哲學家如何討論。一位是活躍於 16 世紀的**蒙田** *，代表作為《隨筆集》；另一位則是大約在 1 世紀後才出現的**帕斯卡** *，著有《思想錄》，但帕斯卡寫這本書的意圖，是要依據蒙田的討論來進行改編。先了解這層關係以後，再來看兩位對於「第二自然」的討論，就能發現關於「制度」的有趣見解。

　　蒙田說：「習慣是人的第二天性，而且並不弱於第一天性。」

從這句話可以看出，蒙田並沒有把自然與習慣視為對立，而是同樣作為天性來一起理解。

但是，帕斯卡更進一步延伸了蒙田這句話，他的說法是：

> 習慣就是第二天性，它摧毀了第一天性。然而天性又是什麼呢？何以習慣就不是天然的呢？我倒非常擔心那種天性其本身也只不過是第一習慣而已，正如習慣就是第二天性一樣。[2]

帕斯卡分解了自然天性與習慣（制度）的對立，不只是把習慣稱作「第二自然」，還將自然天性稱作「第一習慣」。習慣並不是隨機發生，而是具備「法則」的「統一性」。既然如此，自然不也是一種「習慣」嗎——這就是帕斯卡的疑問。

蒙田和帕斯卡的論述，也許能讓「自然」與「制度」的對立觀點從根本上改變。

Column

帕斯卡在《思想錄》裡有很多令人印象深刻的片段，都在描述制度是恣意的產物。例如：

「緯度高三度就顛倒一切法理，一條子午線就決定真理；（中略）以一條河流劃界是多麼滑稽的正義，在比利牛斯山的這一邊是真理的，到了那一邊就是錯誤。」（《思想錄》§294[2]）

從這裡也可以導出相對主義的思想，但在這之前，還可以思考「法律是什麼」、「正義是什麼」這些根本上的問題。「習慣僅僅由於其為人所接受的緣故，便形成了全部的公道；這就是它那權威的奧祕基礎了。」[2]

這個洞察十分犀利，因為若是要重新探索基礎的話，「就是消滅了它」。

> **米歇爾・德・蒙田**：請參照 Basic 9。

> **布萊茲・帕斯卡**：請參照 Basic 9。

Part 3 活在沒有正確答案的世界裡

我們需要關於制度世界的學問

　　到了近代，自然科學發生了堪稱科學革命的飛躍發展。因此，**笛卡兒***及許多哲學家便建立了以物理學為模型的學問。但是，義大利哲學家**維柯***卻正面反駁這些近代主流的思想。

　　維柯比笛卡兒晚約70年出生，被摒除在主流哲學史之外，不過他卻提出了值得關注的「制度」原理。因此，通俗的哲學史有改寫的必要。

　　維柯強調自然需要「新的學問」，談到那就是關於「民政社會的世界」的學問，並且說了以下這段話。這段話有點長，卻充分表達出維柯的意圖，特此引用。

　　在距離我們那麼遠的最早古代文物沉浸在一片漆黑的長夜之中，畢竟毫無疑問地還照耀著真理的永遠不褪色的光輝，那就是：民政社會的世界確實是由人類創造出來的，所以它的原則必然要從我們自己的人類心靈各種變化中就可找到。任何人只要就這一點進行思索，就不

能不感到驚訝，過去哲學家們竟傾全力去研究自然世界，這個自然界既然是由上帝創造的，那就只有上帝才知道；過去哲學家們竟忽視對各民族世界或民政世界的研究，而這個民政世界既然是由人類創造的，人類就應該希望能認識它。[3]

維柯在這裡將「自然世界」與「民政（制度）世界」作為對比，主張前者是由上帝創造，後者則是由人類創造。因此，**他主張人應當探究的真知，就是「關於制度的學問」**，畢竟人對自己創造的東西才能達到真正的理解。

現代哲學家並非全都認同自然世界是由上帝創造，但至少並不會認為是人類自己創造。相對地，制度的世界是由人類創造，所以要更認真地去思索它。雖然世人長久以來一直遺忘了維柯的這段名言警句和他的名字，不過現在大家得以重新認識他了。

Column

除了維柯以外，義大利還有不少哲學家會研究人創造的制度世界。例如**馬基維利***是比維柯早200年的上一世代哲學家，他寫下《君王論》、開創了現實的政治理論。而比維柯晚200年出生的**帕雷托***（經濟學）、**克羅采***（歷史學）、**葛蘭西***（馬克思主義）等人都塑造出各自獨特的理論。這項傳統也由現代的**阿甘本***和**奈格里***繼承。義大利哲學看似被排除在英德法的主流之外，卻能不受拘束形成獨特的理論，希望各位可以趁這個機會了解一下、拓展視野。

> **勒內・笛卡兒**：請參照 Basic 12。

> **詹巴蒂斯塔・維柯**：17－18 世紀的義大利哲學家。對抗同時代的笛卡兒派，
> 發展出歷史哲學。代表作為 1725 年出版的《新科學》。

> **尼古洛・馬基維利**：15－16 世紀的義大利政治思想家。去世後才出版的《君
> 王論》是流傳後世的政治理論經典。

> **維爾弗雷多・帕雷托**：19－20 世紀的義大利經濟學家、哲學家、社會學家。
> 提出「菁英循環」概念，意即不同性質的菁英群體會隨著社會變化而輪流成
> 為統治者。

> **貝尼德托・克羅采**：19－20 世紀的義大利哲學家、歷史學家。藉由對黑格爾
> 哲學的批判性探討，出版歷史哲學和美學等重要著作，影響深遠。

> **安東尼奧・葛蘭西**：19－20 世紀的義大利革命人士、哲學家。曾遭到墨索里
> 尼的法西斯政府長年囚禁。其入獄期間所寫的筆記，後來成為對後世影響深
> 遠的葛蘭西思想。

> **喬治・阿甘本**：20－21 世紀的義大利哲學家。1995 年出版了《牲人》等許多
> 著作。

> **安東尼奧・奈格里**：20－21 世紀的義大利哲學家、革命人士。主要研究斯賓
> 諾莎和馬克思的思想，受到法國哲學家德勒茲的影響。2000 年出版與美國政
> 治哲學家麥可・哈特合著的《帝國》，在全球掀起話題。

制度也決定了人的興趣嗜好

　　我們平常會把興趣歸因於個人喜好不同，以為它與制度無關。舉個淺顯易懂的例子，我們都認為食物的喜好因人而異，不會受到制度影響。

　　然而，現代法國思想家**皮耶・布赫迪厄**＊認為，文化上的興趣和行為模式，都是由社會制度形塑而成。例如他說過以下這段話：

> 所有文化實踐（聆聽音樂會、參觀博物館、博覽會和閱讀等等）和文學、繪畫與音樂的偏好首先與教育的程度（以學校的文憑或就學的年資衡量）密不可分，其次才是社會出身。(4)

　　這句評論放在現代或許算是合情合理，不過當時布赫迪厄提出許多概念以證實這個主張，其中一個就是「文化資本」。

　　「資本」的概念通常是用在經濟活動上，馬克思的《資本論》

就是箇中代表，但布赫迪厄認為不僅限於經濟領域，「文化」也可以談論資本。那「文化資本」的意思是什麼呢？

其一是指書籍、畫作等物質上的文化產物。布赫迪厄也將知識、教養、技能、興趣、感性等個人累積的資產稱作「文化資本」。還有制度化的「文化資本」，是指學歷、證照等學校制度給予的資產。除此之外，他也提出了「社交資本」，語意近似人脈。大家應該也都知道，社交資本可以帶來許多利益。

圖23　**制度差異造成的食物偏好**

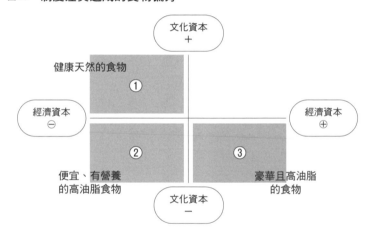

文化資本
＋

健康天然的食物

①

經濟資本
⊖

經濟資本
⊕

②

③

便宜、有營養
的高油脂食物

豪華且高油脂
的食物

文化資本
－

這種文化資本和社交資本，會使個人在所屬的階級裡孕育出特有的行動方式、感受模式。布赫迪厄稱之為「慣習（habitus）」，這個詞源自拉丁語，意思是「態度」或「習性」。

文化資本等「制度」會塑造出個人的「慣習」，而興趣和嗜好會依此改變。既然如此，即便是個人的喜好，也無法脫離「制度」。上圖是將布赫迪厄的圖解簡化後的版本，各位看了以後，應該就能理解制度連食物的偏好都能影響了。

布赫迪厄是社會學家,因此也有人頑固地認為他的理論不適合當作哲學看待。但是,布赫迪厄在高級師範學校裡原本就是專攻哲學,後來取得了哲學教授的資格。社會學與哲學的對立,是在20世紀以後才出現的,在這之前並沒有區分。現在不只是社會學,經濟學、政治學,甚至連歷史學都會談論制度。雖然探討的方法各不相同,但也不需要與哲學嚴格區分開來。避免狹隘的本位主義、採取跨領域的思維方法,才能夠靈活地思考。

>**皮耶‧布赫迪厄**:20−21世紀的法國社會學家、哲學家。1979年出版的《區判》非常知名。提出「文化資本」、「慣習」等概念,探討社會中的權力結構。

因親屬制度而結構化的社會

Basic 78

制度會在根本上規範人的行動——**李維史陀***在人類學的領域證明了這個現象。他將社會分為「冷社會」和「熱社會」，其區分基準在於是否有歷史性的變化。

「冷社會」是指在歷史上毫無變化、長久以來都延續相同制度的社會，即所謂的「未開化社會」。相對地，「熱社會」是指文明社會，社會制度會隨著歷史一同改變。

馬克思分析的是「熱社會」，認為歷史性的變化原動力在於經濟因素，而李維史陀分析的是「冷社會」，其主要焦點在於「親屬關係」和「婚姻規則」。

值得關注的是，李維史陀在分析親屬關係時，是用現代數學的「群論」手法做出精湛的解釋。

他藉此證明過去視為「未開化」的社會，其實是個足以用高等現代數學分析解釋的高度發展社會。他委託**布爾巴基學派***的數學家分析，得出這種社會的親屬結構。

圖24　冷社會與熱社會

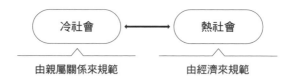

　　這裡我們用一個簡單的模型來思考。例如澳洲土著卡列拉人，每一個人都必定來自四個家族裡的其中一個。假設這些家族分別是A、B、C、D，他們透過婚姻配對生下的子女，會形成下列組合。

圖25　婚姻配對後生下的子女組合

夫（男）	妻（女）	子
A	B	D
C	D	B
D	C	A
B	A	C

　　根據李維史陀的說法，這裡顯示出的法則可以用數學表述，並且能夠導出人類學知識中的①禁止近親結婚、②禁止平行從表（母親姊妹的子女、父親兄弟的子女）結婚的理論。雖然這裡無法具體說明，不過李維史陀已經建立了下述的結構概念。

> 「結構」是要素之間的關係所形成的全體，這個關係透過一系列的變形來保持不變的特性。[5]

人在不知不覺中進入了並非自己特意形成的「結構」裡，並維持這個結構。雖然這只是「冷社會」的制度範例，卻顯現出了制度對人的意義。

Column

在 1960 年代法國流行的**結構主義哲學***，是始於李維史陀的人類學。他和沙特屬於同一年代，將研究領域從哲學拓展到人類學。他的著作《親屬關係的基本結構》是在 1949 年出版，但結構主義思潮卻是始於 1960 年代初期、在批判沙特的《野性的思維》（1962）出版之後。後來結構主義在各個領域掀起熱潮，但李維史陀聲明「結構主義僅限於語言學和人類學」。因此在理解結構主義時需要先注意這一點。

> **克勞德・李維史陀**：20－21 世紀的法國文化人類學家、哲學家。第二次世界大戰後，他在法國開創結構主義，在 1960 年代掀起思潮。尤其他在 1962 年出版的《野性的思維》裡批判沙特，明確宣布從存在主義轉向結構主義。

> **布爾巴基學派**：1930 年代源自法國的青年數學家團體，其名稱尼古拉・布爾巴基只是筆名。他們根據結構概念寫下了叢書《數學原本》。李維史陀委託該學派的成員安德烈・韋伊進行分析，得出了親屬結構的數學模型。

> **結構主義哲學**：以結構主義的語言學（雅各布森和索緒爾）、李維史陀的結構人類學為模型，在法國形成的心理學、社會理論、調式理論、文藝評論、歷史學等各種理論。這些統稱為結構主義哲學。

透過語言制度來理解

在思考人與動物有別的本性時，重點始終都放在語言上。因此，哲學家在定義人類時，都會說是「邏各斯（語言）的動物」或「說話的人（homo loquens）」。

語言就是人的基本制度。但是，為什麼會把語言看成制度呢？

對20世紀哲學影響深遠的語言學家**索緒爾**＊，是用兩組相對概念來解釋語言。

一組是<u>語言（langue）</u>和<u>言語（parole）</u>。語言是像日文、法文這樣，在**一定的群體內使用的話語**。

而言語是指**個人說話表達的行為**。日本人就是透過言語來每天使用日文這個語言。

另一組是<u>能指（signifiant）</u>和<u>所指（signifié）</u>，近年又譯為**「意符」**和**「意指」**。

例如我們將面前正在汪汪叫的動物稱為「狗」時，狗這個讀

音是「能指」，而依此想像出的狗的概念就是「所指」。

索緒爾語言學的第一原則，就是能指和所指的任意性。「狗」這個讀音和「狗」的概念之間，並沒有必然的關係。讀音和概念的連結是透過社會習慣所建立起來的，若有其他的習慣，就會再建立其他的連結。例如英語的「dog」、德語的「hund」。這一點也說明了為何語言是一種制度。

那麼，任意性原則可以歸納出什麼結論呢？索緒爾認為，語言的功能並不是為既存的事物貼上名牌，而是劃分世界上的所有事物。

世界並沒有預設的意義，是藉由不同的語言劃分方式，呈現出不同的樣貌。於是，人類藉由語言的運用，塑造出符合各個語言的不同世界。只要語言不同，世界的分類也會不同。

因此，**語言本身就是一種制度，但同時也是支持其他制度的基礎制度**。

所以在思考「什麼是制度」時，可以把研究的焦點放在語言上。例如索緒爾用貨幣來比喻語言，因為貨幣也是一種制度，可以和語言當作類比來思考。

當然，貨幣雖說也是一種制度，但終究還是有不同於語言的另外一面。

Column

索緒爾使用的二元對立當中，也有其他領域經常運用的概念。像是歷時性（diachronique）和共時性（synchronique）的對立。在索緒爾以前的語言學，大多是探索歷史變遷的歷時性研究；但索緒爾是將語言劃分成好幾個時期，對這個劃開的剖面進行共時性研究，其成果就是《普通語言學教程》（1916）。不過，這本著作終歸只是講義的集結，是在他去世後由學生編輯出版，現在

也出版了新的編輯版本。

> **斐迪南・德・索緒爾**：19－20世紀的瑞士語言學家。近代語言學之父，對20
   世紀思想影響深遠，尤其是在1960年代法國開始流行結構主義後，就是以他
   的語言學為典據。

二十世紀流行的
文化相對論

　　自古以來，哲學家就知道人的思想和觀察方式會受到所屬的群體制度限制。古希臘時代的**希羅多德***，在著作《歷史》中舉了一個令人印象深刻的例子。有些部落會將去世的親人火葬，也有部落會吃掉遺體；而且各個部落都認為自己的風俗習慣很正常，其他部落的風習則是詭異而令人難以接受。

　　這種思想在現代稱作「文化相對論」。這是美國人類學家**法蘭茲・鮑亞士***提出的觀點，但正確來說，他並沒有使用這個詞。不過鮑亞士主張人的認識會受到「**文化的眼鏡**」很大的影響。

　　文化相對論的思想，隨著第二次世界大戰結束後去殖民化的進展，開始成為國際間的共識。不同的文化或制度會造就不同的思想和見解，並沒有優劣之分，也無法決定對錯。

　　到目前為止，在文化方面都是以演化論的觀點為主，科學發展先進的西方文化位居頂點。然而從文化相對論的立場來看，

觀點的差異是來自文化與制度上的差異，並沒有唯一的基準或原則。

文化相對論會和語言理論、符號理論、知識社會學、科學史等見解結合，在各個領域中作為常識來談論。例如，

> 語言和文化不同，看見的世界就會不同。
>
> 範式不同，就像來到不同的星球。
>
> 社會不同，思想就會截然不同。

這個思想在20世紀末的社會十分普遍，「多元化」也成了關鍵字。但時至今日，文化相對論卻被指出許多疑點。

例如，文化相對論的思想擔心真理和道德的去向。如果文化和制度不同，那正義與良善也會跟著不同嗎？還是其實有個共同的基準或原則呢？另外還有不同文化和制度之間的溝通可能性，這些都是需要重新探討的問題。

Column

美國哲學家**理察·羅蒂***，對文化相對論提出了有趣的見解。他認為即使兩個文化不同，也不代表思想徹底迥異；即使是隸屬同一個文化的人，思想也未必完全相同。因為對事物的理解是相同還是迥異，終歸只是程度的問題。而且，同一文化的人發生的矛盾，也可能比不同文化的矛盾更嚴重。這麼看來，將文化差異視為絕對因素、探討是否能夠理解，並不是很有效率的作法。不論思想和文化相不相同，都只是程度問題而已。重要的還是為某種程度的共通部分彌補其中的不足，減少對立。

> **希羅多德**：西元前5世紀的古希臘歷史學家。有「歷史之父」的美譽，著有以波希戰爭為題的史書《歷史》。

> **法蘭茲・鮑亞士**：19－20世紀的美國文化人類學家。根據對原住民的調查而提出「文化相對論」的基本概念，影響了後續人類學的走向。曾指導過露絲・潘乃德等多名傑出的學生。

> **理察・羅蒂**：請參照Basic 8。

制度成型於技術

　　哲學家從語言和文化的觀點來思索「制度」時，經常忽略了媒介和技術的問題。不論是語言還是文化，都需要傳播它的媒介（媒體）或技術。

　　例如用口頭傳達、用印刷物傳達、用影像傳達，會各自形成不同的理解。所以，媒介和技術都是會發揮關鍵功能的制度。

　　舉個簡單易懂的例子，從中世紀到近代是個時代大幅轉變的時期，這時的羅盤和活版印刷技術，隨著近代科學的形成而普及。這個變化也帶動了全球性的經濟活動，促進宗教改革、組成近代國家。

　　我們再回頭來看活版印刷術，聖經翻譯成各國語言並出版成書，促成了宗教改革運動。書籍的出版也孕育出了近代國家的民族主義。而且，印刷品的普及，催生出了肩負近代民主主義的公民大眾。

　　技術就像這樣，以各種形式帶來社會性的影響。

　　德國哲學家**弗里德里希・基特勒***研究了19世紀發生的「<u>技術媒介</u>」革命，並談論其代表的意義。例如這個時期發明了影像和聲音的技術、重播技術，對人的存在狀態造成了關鍵性的變化。因此，媒介的歷史可以分為三個階段。

　　在出現文字以前（只有）聲音媒介的階段，人際關係十分狹隘，溝通交流的範圍也僅限於那個時候，因為聲音無法記錄，也無法傳播到遙遠的地方和其他時期。

　　文字媒介出現後，便可以傳播到遙遠的地方和其他時期。但是，影像和聲音資訊都需要轉換成文字才能傳播，必須要先理解文字的含義。

　　基特勒認為，**書籍（文字媒介）的領導地位一直持續到18世紀，到了19世紀以後，才因為新的技術媒介興起而失去主導權。影像和聲音不再需要轉換成文字，可以直接記錄、傳播。**

　　於是，技術媒介可以一口氣影響許多人，而且影像和聲音不需要先理解文字的含義，因此可以作為<u>大眾媒體</u>運用在政治宣傳。在現代，技術媒介對人民的思想和行動，開始有了決定性的影響力。

Column

過去在思考技術時，通常會將之視為輔助人類的角色，類似實用的工具。但如今已經證明不能再用這樣的觀點來理解技術。**海德格***在第二次世界大戰後提出了重要的技術理論，主張人會透過技術融入整體的系統之中，他稱之為「<u>框架（Gestell）</u>」。例如某個地區可以開採煤礦，煤炭可以製造蒸氣，蒸氣可以驅動機關，這樣就形成了一個被框限的連鎖，人類就融入了這個連鎖之中。而且，人類無法逃出這整體的系統。這是一個技術性的系統，同時也是我們的制度。只要用這個觀點來看家庭、職場、都市和國

家，就能夠理解人處於受到技術控制的狀態了。

> **弗里德里希・基特勒**：20－21世紀的德國哲學家。以媒介理論為主題構思出新的哲學方向，但表現方式艱澀，未能得到充分理解。代表作為1985年出版的《話語網路1800－1900》和翌年出版的《留聲機・電影・打字機》。

> **馬丁・海德格**：請參照Basic 10。

對話可以解決權力關係嗎？

制度是怎麼形成的？而已經訂立完成的制度，又該如何變更？──在思考這些問題時，最重要的概念就是「權力」。談到「權力」，或許會讓人聯想到特殊機關或個人擁有的強制性力量，以命令的型態從上級往下運作。

但是，在這種權利觀念之下，會讓人搞不清楚現代的具體制度，因為即使沒有令人畏懼的掌權者，權力依然會運作、形成制度。那究竟該如何理解權力呢？進行過「權力」概念革命的法國哲學家**米歇爾‧傅柯**＊，曾經說過：

> 我們必須首先把權力理解成多種多樣的力量關係，它們內在於它們運作的領域之中，構成了它們的組織。[6]

傅柯認為，權力會在人際關係涉及的範圍內運作。即便是在同一張餐桌上吃飯的「親子關係」、課堂上的「師生關係」，其

中都有權力關係。當然，朋友、職場上的人際關係也都有不可忽視的權力。這些權力關係，都可以視為現實的制度。

例如在課堂上，老師要求學生「去圖書館拿書過來」，這顯然是出於權力的行為。因為建立了老師與學生的現實制度，老師才能這樣命令學生。這時，學生可能會期望得到老師的肯定，而老實聽從吩咐。那要是學生拒絕老師的話，會發生什麼事呢？

為了改變這種先行建立起的制度，**哈伯瑪斯**＊提出了「溝通」的概念，提倡新的人際關係。**這時的重點在於不要顧慮自己和對方的地位或資格，進行對等的溝通**。從前面的例子來看，學生不該基於師生的權力關係，而是要站在完全對等的立場因應老師的要求。哈伯瑪斯稱這種狀況為「在理想言談情境中對話」。

根據這個觀點，學生可以這樣回答老師：「在上課時間去圖書館拿書並不是我的職責，老師您沒有資格要求我這樣做。應該是您要做好充分準備以後再來上課才對吧。」

在設想這種場面時，老師不能利用自己的特殊地位命令學生。在職場、家庭也是同理，但是當現實中建立起作為制度的權力關係後，通常很難再開口質疑。不過，我們還是需要先設想這種溝通的可能性。

Column

哈伯瑪斯是法蘭克福學派的第二代成員，繼承**阿多諾**＊和**霍克海默**＊的思想，發展出批判理論。當時他的核心就是溝通概念。哈伯瑪斯認為第一代的阿多諾和霍克海默在批判近代社會時，也一併否定了有效的「啟蒙理性」原則。他認為不該全盤否定近代的啟蒙理性，而是要藉由溝通式的理性來發展其中的可塑性。因

　　Part3 活在沒有正確答案的世界裡

此，他將法國的**後現代派***哲學鞏固成為**現代派***。對哈伯瑪斯
來說，重要的不是否定近代，而是完成它。

> **米歇爾・傅柯**：請參照 Basic 19。

> **于爾根・哈伯瑪斯**：請參照 Basic 8。

> **狄奧多・阿多諾**：20世紀的德國哲學家。和霍克海默共同創立法蘭克福學
　派，對20世紀哲學影響深遠。

> **麥克斯・霍克海默**：19－20世紀的德國哲學家。和阿多諾共同創立法蘭克福
　學派，合著《啟蒙辯證法》，奠定了法蘭克福學派的批判理論基礎。

> **後現代派**：後現代主義流行時，幕後推手的後現代派與批判的現代派互為對
　立。德國的哈伯瑪斯屬於現代派，法國的李歐塔則是後現代派。

> **現代派**：請參照後現代派。以對抗後現代的立場，強調近代的意義。

社
會

──── Society ────

與
他
人
共
存

我
要
如
何

在哲學探討的主題中，人的世界與自然世界並列為兩大領域。自古希臘時代以來，哲學家就一直不斷試圖探究人的群體。但需要留意的是，人的群體是否該用「社會」來表現。

因為「社會」的英語society，詞源最早可以追溯到**亞里斯多德***的「κοινωνία（koinonia）」，但這個詞卻很難說是否可以翻譯成「社會」，通常是翻譯成「共同體」，與一般我們想像的「社會」不太一樣。

「社會society」一詞，在亞里斯多德以後經過了複雜的歷史脈絡，若是忽略這段過去而任意使用，可能會造成誤解。現在，小至社團和俱樂部、團體和協會等組織，甚至也能包含「公司」，大至所有人群集而成的全體，都可以稱作society。

所以，在使用「社會」這個詞時，最好要先有這些認知。

如今在理解「社會」時，大致會從兩個觀點切入，一個是社會有機體論，另一個是社會原子論。兩者的差別，基本上是對應了「society」的歷史變化。

有機體論是將society理解為古希臘式的「共同體（κοινωνία）」，以亞里斯多德為代表。這個觀點是把社會看作一個活的有機體（緊密連結的共同體），而把個人看作其中的部分。相對地，社會原子論是以近代社會契約論者為代表，society的概念就剛好在他們的時代產生變化，將各個獨立的個人聚集而成的群體視為「社會」。

當然，社會有機體論的觀點並不僅限於古代，現代也有許多強調共同體的哲學家。他們認為共同體就是國家，強調社會與國家的對立。

雖然現在幾乎不會意識到「society」概念的歷史淵源，但是各位在使用「社會」一詞時，請一定要記住這段脈絡。「社會」這兩個漢字，始於日本明治時代，在這之前並沒有現代意義的「社會」。**因為沒有獨立的個人概念，「社會」就無法成立**。

我們在不經意中使用的「社會」一詞，背後有如此複雜的脈絡。為了避免造成不必要的誤解，各位一旦有疑慮，最好要隨時查詢清楚。

>**亞里斯多德**：請參照Basic 2。

城邦的動物

在描述人的社會性時，通常會引用**亞里斯多德**＊著名的命題，例如以下這段：

> 因此可以證明，城邦的肇建，是自然的產物；而人也是本於自然，而成政治（城邦）的動物（zoon politikon）。[1]

但要注意的是，這裡寫的不是「社會動物」，而是「城邦動物」。亞里斯多德認為，「城邦」是「一種共同體」。共同體包含了「家」和「部落」，而這些共同體的頂點就是「城邦」。

亞里斯多德把人視為「城邦動物」時，會格外強調和「言說」的連結，因為「人是唯一具有言說能力的動物」。他認為，**言說的能力「是用以闡明利與弊，因此而能有是非曲直之分」**。所以，能夠言說的人類才會建立起城邦。

　　人的獨特之處，在於只有他們才有類似善與惡，是非曲直諸如此類的認識。具有這樣感知能力的造物，就創造出了家計與城邦。[1]

　　共同生活的人們能夠使用語言並判斷善惡是非，這是「城邦（國家）」成立的條件。由此可見，亞里斯多德認為的「國家」，與近代以後的「社會」大相逕庭。他主張「國家」先於個體和家庭，因為他把國家看成一副身體，家庭和個人就是身體的四肢，**「一個人離群索居，就無法自給自足，這就像是人手足肢體與整副身體之間的關係一樣」**。

　　從這個想法可以看出，近代以後的「社會」概念——以各個獨立的個體為前提建立社會關係——打從一開始就不存在。

　　既然如此，如果將亞里斯多德的「城邦動物」換成「社會動物」，來探討人的社會性，可能會造成嚴重的誤解。亞里斯多德的「koinonia」後來翻譯成拉丁語「societas」，接著演變成英語的「society」，其內涵也跟著改變了，最好要留意這一點。

Column

亞里斯多德的國家共同體（城邦），是在古希臘時代的情勢中孕育而成的概念，但近代和現代都有不少哲學家試圖復甦這個觀點。例如有「德國亞里斯多德」之稱的**黑格爾***，就強調國家是先於個體與家庭的共同體。在現代以「正義課程」聞名的**邁可‧桑德爾***，也批判個人的**自由主義***，宣揚「共善」這個國家共同體式的概念。

> **亞里斯多德**：請參照 Basic 2。

> **格奧爾格・威廉・弗里德里希・黑格爾**：請參照 Basic 24。

> **邁可・桑德爾**：請參照 Basic 34。

> **自由主義**：請參照 Basic 45 的自由意志主義。

　Part 3　活在沒有正確答案的世界裡

社會契約論與「社會」概念

Basic 84

在探討社會的成立時，可以參考許多近代哲學家建構的理論。這類理論通常稱作「社會契約」論，但只有**盧梭***使用了這個名稱。**霍布斯***、**洛克***、**盧梭**提出的理論各不相同，因此在談到社會契約論時，需要留意是誰的學說。

他們共同的思想，是一開始都預設了個體處於獨立生活的「自然狀態」。人們從這個狀態出發，彼此訂立契約、建立政府或國家。因此也有人認為，稱作國家契約論比社會契約論更恰當。

不過，這個理論之所以稱作社會契約論，是以共同體中切割出來的獨立個體為出發點，由此形成近代的「社會」概念。獨立的個體訂立契約，才會形成社會。

各個哲學家對於自然狀態的觀點不一。例如，霍布斯引用狼的形象，說明自然狀態的人處於「所有人對所有人的戰爭」中。為了迴避這種生命危險，才需要訂立契約。

但是，透過契約建立的國家會變得強勢，霍布斯稱這種國家為虛構的怪獸「利維坦」。

相較之下，洛克認為自然狀態是和平的，但是當個體產生所有權後，需要契約來捍衛自己的權利。他主張**身體是自己的財產，身體勞動的產物也歸自己所有**。個體為了避免這些財產受到侵害，才會訂立契約。

而晚洛克 1 世紀才出現的**休謨***，則是反駁這種社會契約論。他嚴厲批判了「自然狀態」的概念，認為**「社會」並不是因為契約才成立，而是在契約以前就已經存在**，其中的原理就是慣例（convention）。人在有明確的契約以前，就已經透過慣例形成社會了，社會是形成於契約之前。

究竟是社會契約，還是慣例——這個對立在探討社會起源的當下以及日後，會不斷改變形式，例如在社會契約論的同一時期，經常討論的語言起源論，也是以契約和慣例的對立為基本框架。

Column

社會契約論不是近代哲學家才有的理論，現代哲學家依然會提出重要的觀點。其中的代表就是 1971 年出版《正義論》的美國哲學家**羅爾斯***。他的理論稱作自由主義，出發點就是各個獨立的個體，探究各個自由的個體要如何形成公平的社會。因此，羅爾斯便引用社會契約論的構想，先設定一個假想狀況作為「原初狀態」，他稱之為「無知之幕」，每個人都被這道簾幕遮住雙眼，看不見地位、資產、能力等個人資訊。畢竟若是先知道這些資訊，人都會做出有利於自己的選擇。抹除這些資訊，人才能自由選擇、履行社會契約。

> **尚－雅克・盧梭**：請參照Basic 70。

> **湯瑪斯・霍布斯**：16－17世紀的英國哲學家。知名的著作為《利維坦》。哲
> 學立場採取唯物論，批判笛卡兒的心物二元論。政治方面提倡社會契約論，
> 將「所有人對所有人的戰爭」視為自然狀態。

> **約翰・洛克**：請參照Basic 7。

> **大衛・休謨**：請參照Basic 70。

> **約翰・羅爾斯**：20－21世紀的美國哲學家。1971年出版的《正義論》建立了
> 自由主義的理論，後來掀起自由主義思潮，並引發各種論戰。談到美國的政
> 治理論，就不能忽略自由主義。

人是社會關係的總和

　　馬克思＊在年輕時期建構自己的思想時，曾經寫下了這道命題。這個命題出自《關於費爾巴哈的提綱》，全篇由11道命題構成，收錄在他和**恩格斯**＊合著的《德意志意識型態》附錄裡，引用如下：

> 　　費爾巴哈把宗教的本質解消在人的本質裡。但是人的本質並不是內在於單個個人裡的「抽象」。就其實際而言，它就是社會關係的總和。(2)

　　這個命題是根據費爾巴哈《基督教的本質》所寫成。**費爾巴哈認為，基督教的上帝是人性本質（類本質）異化後的產物。**
　　假如理想的人性是「全知全能」，而體現了這一點的就是「上帝」。於是，費爾巴哈讓宗教的本質回到人類本質，構思出他的人類學理論。

　　馬克思則批判費爾巴哈預想的人類本質，並非內在於個人之內。本質這個概念通常是指所有事物共有的抽象性質，但馬克思一開始就否定這個觀念，主張「人的本質」不是費爾巴哈所認為的「愛」這種抽象物，而是人之間具體的關係。

　　需要注意的是，馬克思在這裡使用了「社會」一詞。馬克思效仿黑格爾對「公民社會」與「國家」的區分，進行社會的獨立分析，於是得出**在社會裡的個體之間的關係總和，形成了個體的本質**。

　　在思考如何定義社會中的個體時，可以留意一下「意識型態」的概念。這也是一種社會意識，人會因為在社會裡建立的關係，而改變意識的狀態。

　　例如活在現代的我們，都認為自由和平等是重要的原則，但**自由和平等在資本主義社會裡，是透過商品交易這個現實行為來體現**。

　　在等價（平等性）原則下可以任意交易商品，這是資本主義的原理。這個原理可以塑造出人在社會裡的自由、平等理念。

　　馬克思的主要研究是從經濟的角度分析現實社會，若要理解人類，就需要社會分析。

Column

馬克思關於費爾巴哈的命題短小精悍，簡潔有力，會讓人在無意間記住。例如「哲學家們只是各不相同地解釋了世界，但是重點在於改變它」。這道命題會讓人以為自己讀懂了，但要小心其中藏了陷阱。因為馬克思在這裡並不是以一般的論調在談「解釋」和「改革」的對比。這句話終歸是在談論費爾巴哈，必須根據前後文來思考解釋和改革的意義。如果用普遍的方式理解這道命題，可能會造成嚴重的誤解。

＞**卡爾・馬克思**：請參照Basic 51。

＞**弗里德里希・恩格斯**：19世紀德國出身的革命家、社會思想家。與馬克思一同活動，共同草擬《共產黨宣言》，為共產主義理論奉獻。

Part 3 活在沒有正確答案的世界裡

最多數人的最大幸福算是社會公平嗎？

Basic 86

談到功利主義，容易讓人誤以為是「<u>利己主義</u>」，忘記它是追求社會公平的理論。只要了解提倡者**邊沁**＊的主張以後，就會明白它與「利己主義」截然相反。

比方說，我們來思考一下「最多數人的最大幸福」這個原理。邊沁的敘述如下：

> 像功利原理那樣，根據任何行動來看勢必增大或減小利益有關者的幸福的傾向，來贊許或非難該行動。(3)

這句話預設了社會整體的幸福總量，大於個人的利益。因此，邊沁追求的顯然是社會公平，而非個人利益。所以，「功利主義」應該要稱作「社會整體的功利主義」。

這個觀點在公司或團體中做決策時會是有效的原則，只要選擇對牽涉利益的所有人最有利的選項就行了。

功利主義的思想，在政治上也是支持「少數服從多數」的原則。在政治上推行民主主義，必須尊重多數國民的意志，而能實現這一點的就是「少數服從多數」。

　　但是，若以幸福的總量為原則，少數服從多數就容易造成「多數人暴政」。同為功利主義者的**約翰‧斯圖亞特‧彌爾***很清楚這一點，他**在《論自由》裡就曾經追尋「究竟應該怎樣在個人獨立與社會控制之間做出恰當的調整？」**以下的思想實驗就是這個觀點的示範。

> 　　恐怖分子挾持了20名人質，並威脅其中1名人質殺掉另外一個人，否則他就會殺死所有人。這名人質應該服從命令嗎？

　　若是服從命令，就會有1個人死去，但能拯救其他19人；反之則是犧牲全體20條命。從功利原理來看，應該選擇「殺掉1名人質」。

　　但是，這個選擇卻不會讓人有解決問題的感受。究竟問題出在哪裡，實際上該怎麼辦，大家都可以思考一下。

＞**傑瑞米‧邊沁**：請參照 Basic 33。

＞**約翰‧斯圖亞特‧彌爾**：請參照 Basic 31。

Part 3　活在沒有正確答案的世界裡

從規訓社會到控制社會

　　法國哲學家**米歇爾・傅柯***，將近代社會視為「少數監視多數」的規訓社會，監獄即是其中的典型。他認為，近代社會將人聚集在固定的地方，在群體中進行懲戒，培養出服從秩序的人。例如學校、公司、工廠、軍隊、宿舍、醫院等各種組織，人們在這些地方受到嚴格監管，最終形成自主監管的體制。

　　傅柯提出了「圓形監獄」作為這種近代社會的模型。藍圖是由功利主義者邊沁所繪製，目的是以最少的勞力獲得最大的效果。

　　從中央的監視塔可以隨時監視關押在牢房裡的囚犯，圓形監獄的英語是 panopticon，由「pan（全部）」和「opticon（觀察）」所組成，所以又可譯為「全景監獄」。

　　傅柯所理解的近代社會，就是這種「圓形監獄」的社會；但是，**德勒茲***卻認為懲戒式的規訓社會，在現代已經結束了，並提出「控制社會」取而代之。

圖26　圓形監獄

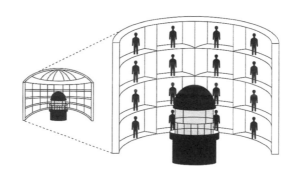

> 　　我們肯定是在進入「控制」的社會，這些社會已不再是嚴格的懲戒
> 式社會。（中略）懲戒社會是我們正在脫離的社會，是我們已經不再
> 置身其中的社會。(4)

　　傅柯所說的監視是傳統的人工方式，但德勒茲所說的現代監
視，則是使用數位技術。所以，**個人已不再需要受到懲戒規
訓，行動隨時隨地都會受到控制**。

　　德勒茲是在1990年代提出控制社會理論，其遠見令人驚
異。他所預見的現象，如今已經成了現實。

Column

傅柯將規訓社會的模型與傳染病連結起來、視為「瘟疫」。將人
民當作一個團體加以監視，用無害的方式分別配置，就像是關在
監獄的單人牢房一樣。相較之下，若要將德勒茲提出的控制社會
比做傳染病，似乎可以視為「冠狀病毒」。德勒茲是在20世紀末
去世，沒有經歷過COVID－19大流行，但他的論點卻可以用來
解讀近年的疫情。為了避免群聚而將人個別分開，利用數位資訊

來管理。日本的數位化程度落後，導致政府在疫情期間不知所措，當初應當更認真看待德勒茲的理論、做好萬全準備。

> **米歇爾・傅柯**：請參照 Basic 19。

> **吉爾・德勒茲**：請參照 Basic 3。

追求他人欲望的社會：認同欲望和模仿欲望

　　大家或許會以為認同欲望和模仿欲望，是現代心理學或社會學研究的問題。但是，哲學也會從根本探討這種欲望。

　　例如18世紀末到19世紀初，德國的**費希特***和**黑格爾***都在他們各自的哲學原則中，提出了「認同」的概念。進入20世紀後，從俄羅斯流亡到法國的哲學家**科耶夫***為這個認同概念找出新的可能性。他以更具體的形式解讀黑格爾在《精神現象學》裡提出的「相互承認」概念，將之理解為認同欲望。對科耶夫而言，人的欲望最需要理解的，就是「認同欲望」。

　　舉例來說，我們會想要名牌奢侈品。科耶夫認為**與其說是我們想要物品本身，不如說是擁有那個物品可以得到別人的讚賞、立於他人之上**，也就是想要獲得別人的認同。

　　德國的**阿克塞爾・霍耐特***將這種認同的欲望，置於現代社會理論的核心。他強調**現代社會重視認同，更勝於過去的經濟貧富差距**。實際上現代的大家也都很清楚，得不到別人的認

同，會對一個人造成非常深刻的影響。

　　另一方面，法國哲學家**勒內‧吉拉爾***在1961年出版的《浪漫的謊言與小說的真實》中主張一道命題：**「欲望就是對他人的模仿」**，提出「欲望三角」的概念。

圖27　**欲望三角**

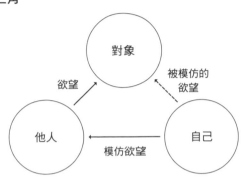

　　只要觀察宛如流行現象般的社會動向，總是能夠看見對他人欲望的模仿。吉拉爾是法國人，在第二次世界大戰後遠赴美國，餘生都在美國從事研究。美國矽谷企業家彼得‧提爾就讀史丹佛大學時，就是吉拉爾的學生，因而深受影響。他牢記著這個欲望理論，在商業領域中採取引領模仿欲望的行動。若是模仿他人的欲望、追隨潮流，就無法創造利益。因此他的經營模式就是吸引他人來模仿、總是帶領潮流前進。

　　由此可見，獲取他人認同的欲望和模仿他人的欲望，在現代社會中扮演多麼重大角色。

Column

科耶夫是出生於俄羅斯，在俄國革命後流亡到德國，隨後又流

亡到法國。他在1930年代的法國開課講授黑格爾的《精神現象學》，拉岡和梅洛－龐蒂等當時的年輕哲學家都上過他的課，於是後來的法國哲學可說是以科耶夫的黑格爾課程為起點。科耶夫將黑格爾的「自我意識理論」作為這套課程的重心，根據這個概念主張「認同欲望」。此外，這個自我意識理論還衍生出主奴對立，他將這個對立的發展視為「人的歷史」。當這個對立消失時，歷史就會終結，而人會回歸成為動物。

> **約翰・戈特利布・費希特**：18－19世紀的德國哲學家。承襲康德的思想，繼謝林、黑格爾之後發展德國唯心主義。在著作《全部知識學的基礎》裡，提出「正反合」的辯證法。

> **格奧爾格・威廉・弗里德里希・黑格爾**：請參照Basic 24。

> **亞歷山大・科耶夫**：20世紀俄羅斯出身的法國哲學家。在1930年代講授黑格爾思想，對法國的年輕哲學家影響深遠。

> **阿克塞爾・霍耐特**：20－21世紀的德國哲學家。以承襲自黑格爾的認同概念為核心，發展社會哲學理論。

> **勒內・吉拉爾**：20－21世紀的法國哲學家。長年任教於美國的大學，擔任史丹佛大學教授時曾指導過彼得・提爾等學生。在1961年出版的《浪漫的謊言與小說的真實》中提出「模仿欲望」的概念，廣受矚目。

Part 3　活在沒有正確答案的世界裡

自由和平等的兩難（自由主義論爭）

Basic 89

　　現代社會表面上將自由和平等視為基本原則，憲法也保障了自由和平等。社會上的政治原則是「自由主義・民主主義」，常常把「自由」和「平等」視為一體。

　　但是，「自由」和「平等」真的可以並存嗎。例如考慮到個人自由，原則上就等於是承認人可以互相競爭，結果就會造成不平等。反之，若以平等為原則，就必須對自由設限或禁止。看來自由和平等未必可以並存。

　　這一點在現代美國的政治思想論爭中，正以激烈的形式重演。自由主義的支持者原則上認同個人自由，但需要盡量消弭結果上的不平等，所以主張公共政府需要幫助缺乏資源的人。這種原則稱作「差異原則」，是1971年《正義論》作者**羅爾斯**＊的思想。

　　這個思想雖名為「自由主義＊」，但是並沒有完全偏袒「自由」，也考慮到了「平等」。美國自羅斯福新政以來，「自由主

義」的傳統就是幫助弱勢的政策，羅爾斯則是將之建構成明確的理論。

相較之下，稱作自由至上主義的「自由意志主義*」思想，也在美國根深蒂固。**羅伯特・諾齊克***將這個思想建構成理論，以對抗羅爾斯的自由主義。他在1974年出版的《無政府、國家與烏托邦》裡提出「權益理論」，主張除非是以強盜、暴力等違法手段獲益，否則即使會造成不平等與貧窮，也不需要弭平差異。根據這個思想，公共政府的規模愈小愈好，而且最好是盡可能將目前由政府執行的政策，交由民間企業處理。

於是，**主張平等的自由主義，和貫徹自由的自由意志主義——兩者在20世紀美國的社會哲學中，基本上是對立的思想**。

到了1980年代，出現了「共同體主義」之稱的社群主義*批判自由主義和自由意志主義。社群主義思想主張這兩個政治理論都是以個人為基礎，過度忽略社群的作用。

Column

美國哲學的歷史有個主要的脈絡。19世紀末，美國興起了以**皮爾士、詹姆士**為中心的實用主義*，後來再加上**杜威**，使得該理論成為美國原生的思想。到了1930年代以後，從歐洲流亡過來的哲學家在美國奠定了分析哲學的傳統。分析哲學以邏輯學和數學為基礎，建構出嚴謹的哲學理論，同時也形成客觀的教育體系，取代實用主義成為美國的傳統哲學。雖然分析哲學是源自歐洲，但也得以在美國發展。這項傳統一直以科學哲學的形式延續，直到1970年代，實用主義才又以新的型態復甦。

> **約翰・羅爾斯**：請參照 Basic 84。

> **自由主義**：請參照 Basic 45 的自由意志主義。

> **自由意志主義**：請參照 Basic 45。

> **羅伯特・諾齊克**：請參照 Basic 45。

> **社群主義**：1980 年代以後的美國，為對抗自由意志主義而提出的政治哲學立
　場。強調以個人為前提的社群作用，批判自由主義。代表人物為查理斯・泰
　勒和邁可・桑德爾。

> **實用主義**：請參照 Basic 25。

現實是社會建構

Basic 90

　　近年突然開始強調「社會性別」來指稱人的兩性差別。過去提到兩性差別，大多都是理解為生物學上決定好的「男女」。但這個生物學的概念卻開始受到質疑。

　　現代美國哲學家**朱迪斯・巴特勒***，在 1990 年出版的《性／別惑亂》中，提出反駁生物學上身體的「性」概念。她寫道：

> 或許這個叫做「性」的建構物和性別一般為文化建構；的確，或許它一直就是性別，結果揭示性與性別的分別其實就是沒有分別。(5)

　　這個思想一般稱作「社會建構主義」，主張所有現實都是社會建構，我們無法脫離這個限制。所以，**不只是社會上的「性別」，連生物學上的「性」也是社會的建構物**。生物學上的性別乍看之下與社會毫無關聯，卻也是社會建構。

　　我們就用**約翰・瑟爾***在 1995 年出版的《社會現實的建構》

裡的概念，來徹底理解這個想法。想像一下我們走進一家咖啡
廳消費，付了一張紙鈔。用比較生硬的話語來說，就是「把印
刷的紙張當作貨幣」，一般的句型就是「根據Ｃ（習俗）把Ｘ（紙
張）當作Ｙ（貨幣）」。瑟爾稱之為「地位功能」。就算是在咖啡
廳裡不經意的互動，也是社會建構。倘若忽略這一點，現實就
無法成立。實際上，不知道紙鈔是貨幣的人，就無法做到這種
互動。

　　我們出生後就在生活在一定範圍的社會裡，大致上都是以
「根據Ｃ把Ｘ當作Ｙ」的形式來理解這裡遇見的人事物。如果
將這個結構稱作「社會式的建構」，就能明白它的範圍有多大
了。

Column

瑟爾的「地位功能」概念，經常被引用來解說「意義」的概念。
海德格 * 在 1927 年出版的《存在與時間》裡，就用了「作為
（als）」來談論意義。例如我們看到一塊圓木板時，會把它當作
桌子來理解，也就是「把Ｘ當作Ａ來理解」，這裡的Ａ就是「意
義」。這時，意義會被理解成比前提條件「更高」的事物，也
就是把意義理解成高於「圓木板」的桌子。在這裡，海德格讓
「als」這個詞同時有「當作」和「高於～」的二義性。即使忽略
這一點，我們在理解事物時，也要時常確定自己真的理解了意
義。

> **朱迪斯・巴特勒**：20－21世紀的美國哲學家，女性主義思想的代表人物，知名著作為1990年出版的《性／別惑亂》。

> **約翰・瑟爾**：19－20世紀的美國哲學家。專門研究語言哲學和心靈哲學，發明「中文房間」的思想實驗來探討人工智慧。2004年出版的《心靈導論》為其哲學思想的入門書。

> **馬丁・海德格**：請參照Basic 10。

社會參與的目的

Basic 91

　　哲學雖然通常給人強烈的「象牙塔」印象，但自古希臘時代以來，哲學與社會和政治的連結始終非常緊密。最有名的就是蘇格拉底因為哲學的言行而被處死、柏拉圖提出哲學家皇帝的構想，許多哲學家都十分關心社會。

　　在20世紀，德國哲學家**馬丁‧海德格**＊因為加入納粹而飽受批判，法國的**沙特**＊在二戰後強調哲學的社會責任。兩位同樣以「存在」概念為依據，從不同的方向參與社會。但是，為什麼哲學需要積極參與社會呢？

　　我們來看看沙特提出的「社會參與」思想吧。沙特的<u>存在主義</u>＊在全世界蔚為風潮時，他在公眾媒體發言、參加示威活動的身影便廣為流傳，呈現出「奮鬥哲學家」的形象。當時沙特就非常強調「社會參與」的概念。

　　社會參與的法語和英語同樣是「engage，engagement」，沙特不只是用它來表達社會參與的意思，同時也用來形容受到

社會的拘束。簡單來說，和某人「結婚（engage）」，意指接受這個狀況、受到婚姻承諾的拘束。**參與社會就是接受這個狀況、受其拘束**。沙特的存在主義探索的，就是在這種狀況下如何做選擇。

沙特在1945年出版的《存在主義即人文主義》裡舉了一個很有趣的例子。在第二次世界大戰時，法國遭到德軍占領，當時沙特在高中任教，班上有個學生和年邁的母親相依為命。那名學生十分猶豫要不要參加抵抗運動，便去找沙特商量。

如果他參加抵抗運動，就要與年邁的母親分隔兩地；若要繼續跟母親一起生活，就不能參加抵抗運動。學生不知該如何決定，只好向沙特尋求建議。

結果沙特是怎麼回答他的呢？沙特的思想是存在主義，主張人必須自由選擇自己的生存方式，而且自己必須承擔選擇的後果，沒有人能替自己做決定。因此，沙特對學生這麼說：

> 你是自由的，所以你選擇吧──這就是說，去發明吧。[6]

站在老師的立場，最好還是要給學生適當的建議；但是，存在主義的思想認為不能由自己以外的人為自己做選擇，而自己也有責任全面接受選擇的後果。這麼一想，不論是自由還是參與社會，都是一條孤獨又嚴竣的路。即使找人商量，最終也只能自己決定、自行負責。

Column

沙特的存在主義，在第二次世界大戰後掀起全球風潮，因此沙特會出現在大眾媒體上，不只是他的思想，連他的私生活也都成為焦點。其中最著名的，就是他和哲學家西蒙・波娃的「契約

婚姻」。這個婚姻型態並不會束縛他們，契約裡甚至還允許他們
與其他人自由戀愛，完全符合沙特的思想。這種生活型態轉眼間
傳遍全世界，使得不受婚姻制度束縛、以同居形式生活的伴侶變
多了。儘管沙特表現出存在主義者的態度，但實際為人卻相當複
雜。不過，至少在哲學與生活型態結合這一點上，沙特堪稱是哲
學家的典範。

＞**馬丁・海德格**：請參照 Basic 10。

＞**尚－保羅・沙特**：請參照 Basic 44。

＞**存在主義**：請參照 Basic 4。

歷史

—————— History ——————

如何活在歷史裡

自希羅多德的《歷史》和修昔底德《伯羅奔尼撒戰爭史》以來，出現過不少史書。但是，哲學直到大約18世紀以前，除了少數例外，對「歷史」的關心卻十分低落。

連號稱萬學之祖的**亞里斯多德***，都沒有寫過關於「歷史」的著作，對歷史記述的評價也不高。到了近代，哲學家高度肯定數學式的自然科學，但卻將研究歷史視為愚行。由於近代的啟蒙運動高度肯定人的理性，所以認為不合理的歷史世界不適合做為哲學探究的主題。

不過，依然有名留青史的哲學家違抗這個哲學主流，就是義大利的**維柯***和德國的**赫爾德***。他們**反抗自笛卡兒以來的理性主義傳統，重視歷史研究更勝於自然科學**。

哲學對「歷史」的態度，是在活躍於18到19世紀轉型期的德國哲學家**黑格爾***以後，才有了大幅改變。他在課堂上教授「歷史哲學」和「哲學史」，對後續的哲學流派造成深遠的影響。不論是贊成還是反對黑格爾的史觀，都無法否定在他之後，「歷史」終於成為哲學的研究主題。

到了20世紀，哲學對「歷史」的關注，從歷史本身轉移到了歷史學家或歷史學。因為「歷史」會因為歷史學家的記敘方式而大不相同，無法忽略歷史學家來討論歷史。因此，歷史在哲學的定位，也經歷了如此大的轉變。

由此可見，「歷史」的觀點會依循哲學的基本發展而改變。今非昔比，拋開「歷史」就不可能理解哲學，不過現在需要追尋的，反而是哲學透過「歷史」扮演什麼樣的角色。

> **亞里斯多德**：請參照 Basic 2。

> **詹巴蒂斯塔・維柯**：請參照 Basic 76。

> **約翰・戈特弗里德・赫爾德**：18－19世紀的德國哲學家。和康德雖處同一時代，卻與其不同，志在研究語言理論和歷史哲學。1772年出版的《論語言的起源》和1774年的《關於人類教育的另一種歷史哲學》，充分表現出其思想特徵。

> **格奧爾格・威廉・弗里德里希・黑格爾**：請參照 Basic 24。

鼻子再塌一點
如果埃及豔后的

帕斯卡＊的《思想錄》裡有一段知名的文章，一般流傳的版本是「如果埃及豔后的鼻子再塌一點，歷史就會改變」。但是要小心這句話，因為帕斯卡的原文長得不太一樣。

> 克利奧巴特拉的鼻子；如果它生得短一些，那麼整個大地的面貌都會改觀。[1]

對帕斯卡而言，重點並不是鼻子更塌，而是「更短」。不過這裡要探討的不是前半句，而是後半句根本不是「歷史會改變」。他說的是大地的面貌（地貌）會改變。

需要注意的是，《思想錄》是否具備「歷史」的意識。因為後世對於帕斯卡的理解，就是他「不談歷史」。實際上，《思想錄》裡也確實沒有「歷史」這個主題。

仔細想想，帕斯卡是數學家兼自然科學家，所以就算他對歷

史毫無興趣也不足為奇。是在他更久以後的時代，哲學家才開始重視歷史。相較之下，帕斯卡對「宇宙」倒是談了不少。

那麼，帕斯卡是想藉由「埃及豔后的鼻子」來主張什麼呢？就是「人的虛榮」。他在這個段落用「考慮一下愛情的原因和效果」導出這個主張。

只要鼻子的長度稍有不同，全世界都會改變──這多麼虛榮啊，因為只要她的鼻子長度有一點不一樣，世界上所發生的事就全都不一樣了。

這樣還能說帕斯卡絲毫沒有意識到歷史的變化嗎？另一方面，他還嚴厲批判**笛卡兒***的理性主義（「我不能原諒笛卡兒」）。但是，帕斯卡對笛卡兒的批判，並沒有讓他從自然科學和數學轉向歷史的研究。即便是眾所皆知的名言，只要看過原文以後，就會產生截然不同的解讀。

Column

《思想錄》裡最著名的片段，應該就是「會思考的蘆葦」了吧。只要讀完這一段，就能明白帕斯卡掛念的是自然和宇宙，而不是歷史了。

「人只不過是一根蘆葦，是自然界最脆弱的東西；但他是一根能思想的蘆葦。用不著整個宇宙都拿起武器來才能毀滅他；一口氣、一滴水就足以致他於死了。然而，縱使宇宙毀滅了他，人卻仍然要比致他於死的東西更高貴得多；因為他知道自己要死亡，以及宇宙對他所具有的優勢，而宇宙對此卻是一無所知。」[1]

＞**布萊茲・帕斯卡**：請參照 Basic 9。

＞**笛卡兒**：請參照 Basic 12。

自由意識的邁進

首度將「歷史」視為哲學主題、開創歷史哲學的是德國哲學家**黑格爾***。雖然黑格爾的哲學飽受批判，但仍然需要了解他如何把歷史導入哲學。

他的哲學原則是「精神 Geist」，將各種超越個體的詞語都冠上這個原則，像是民族精神、時代精神、世界精神、客觀精神。這種「（大）精神」的極致，就是將歷史推展成一個連續的過程，黑格爾稱之為「自由概念的發展史」。

> 「精神」的實體或者「本質」就是「自由」。（中略）世界歷史可以說是「精神」在繼續作出它潛伏在自己本身「精神」的表現。（中略）世界歷史無非是「自由」意識的進展，這一種進展是我們必須在它的必然性中加以認識的。
>
> 東方各國只知道一個人是自由的，希臘和羅馬世界只知道一部分人是自由的，至於我們（日耳曼人）知道一切人們絕對是自由的。[(2)]

從這段史觀可以看出全體人類的歷史走向，但時至今日，我們依然可以感受到這是西方中心主義的偏見和極為樂天的史觀。

黑格爾提出的不是理想主義的史觀，而是扎根於現實的寫實史觀。例如黑格爾認為歷史是「各民族福利、各國家智慧和各個人德性橫遭宰割的屠場」。透過個人的熱情與利弊、無理的暴力，歷史才得以進展。藉由這些個人無差別行為來實現歷史的目的，這就是知名的「理性的詭計＊（List der Vernunft）」。

這種現實主義也出現在戰爭與和平的討論之中。康德在《論永久和平》裡，就提倡國際協調奠定的和平主義，卻也肯定國家之間的紛爭是「戰爭」。

黑格爾的史觀裡，最廣為人知的就是這個命題：「凡是合乎理性的東西都是現實，凡是現實的東西都合乎理性。」這句話顯示出黑格爾哲學的保守，成為恩格斯批判的目標，因為他的解讀是黑格爾同意現在（現實的東西）合乎理性。黑格爾是柏林大學校長，因而被視為普魯士王國的御用哲學專家。但是，恩格斯在批判黑格爾時，刻意改變了命題的順序，寫成「凡是現實的東西都合乎理性，凡是合乎理性的東西都是現實」；然而這種調換語順的作法必定會曲解黑格爾的語意。對黑格爾來說，「理性的東西（合乎理性）」在歷史中是必然，所以才會是「現實（得以實現）」，並沒有說現實是偶然的意思。

> **格奧爾格・威廉・弗里德里希・黑格爾**：請參照 Basic 24。
> **理性的詭計**：哲學家黑格爾提出的說法，意指透過人的活動在歷史中實現理性的意圖。

過往所有社會的歷史都是階級鬥爭的歷史？

　　相較於以「精神」為根基的**黑格爾**＊史觀，**馬克思**＊則是提倡以物質的經濟關係為基礎的新史觀，一般稱之為「唯物史觀（歷史唯物主義）」。他在《共產黨宣言》裡強調：「迄今為止所有現存社會的歷史就是階級鬥爭的歷史。」那他是怎麼思考歷史的呢？

　　馬克思在準備《資本論》以前出版的《政治經濟學批判》（1859）裡，簡單提出了普遍稱作「唯物史觀公式」的思想，而他所認為的歷史進展如下：

> 　　大體說來，亞細亞的、古代的、封建的和現代資產階級的生產方式可以看作是經濟的社會型態演進的幾個時代。資產階級的生產關係是社會生產過程的最後一個對抗形式。（中略）但是，在資產階級社會的胎胞裡發展的生產力，同時又創造著解決這種對抗的物質條件。因此，人類社會的史前時期就以這種社會型態而告終。[3]

　　精神的自由、物質的生產，雖然說法不同，卻都是將歷史視為一系列的發展史。而且，兩者都從東方（亞洲）開始、在歐洲世界結束。由此可見，馬克思或許也跟黑格爾一樣立於西方中心主義。

　　值得注意的是，馬克思將他所描述的這段歷史視為「人類的前史（Vorgeschichte）」。這句話**暗示了過往的社會終歸是一段預備的歷史（前史），真正的「歷史」之後才會發展**。

　　如果按字面理解這句話，會以為人類的「歷史」尚未揭幕，到目前為止的歷史都是先於「歷史」的過程，可以稱作史前。但這麼一來，在前史結束後才開始的真正「歷史」，又是以什麼為原則呢？

　　馬克思並沒有談論前史之後的社會是什麼情況，也許會是「社會主義」或「共產主義」。但是，我們卻無法想像屆時究竟會開啟什麼樣的歷史。至少目前史上出現的「社會主義」，與馬克思提示的印象相去甚遠。既然如此，真正的歷史或許永遠都不會到來。

Column

黑格爾和馬克思在思考歷史時，都是以階段性的觀點來看一系列的歷史，而且都將西方置於歷史的頂點。到了20世紀以後，出版《西方的沒落》的德國哲學家**史賓格勒***，則是從文明論的觀點反駁階段論的史觀。他認為應該將亞洲世界、希臘羅馬世界、一神教世界、西歐世界分別視為不同的文明，無法整合成為單一系列的歷史。史賓格勒的史觀震憾了20世紀上半葉，不過仍然需要重新深入探討。

> **格奧爾格・威廉・弗里德里希・黑格爾**：請參照 Basic 24。

> **卡爾・馬克思**：請參照 Basic 51。

> **奧斯瓦爾德・史賓格勒**：19－20世紀的德國歷史哲學家。1918、1922年出版的《西方的沒落》為暢銷巨作，探討西方日益擴大的危機。

Part 3 活在沒有正確答案的世界裡

所有歷史都是現代史

Basic 95

「歷史」通常會被當成過去事件的記述,但為什麼人會對已經過去的事產生興趣、加以評價呢?此外,為什麼每位歷史學家在描述同一個時代時,列舉的事件和人物卻不同呢?

針對這個問題,義大利哲學家**克羅采***的回答是:所有歷史都是「現代史」。克羅采在著作《歷史學的理論和實際》裡寫道:

> 只有現在生活中的興趣方能使人去研究過去的事實。因此,這種過去的事實只要和現在生活的一種興趣打成一片,它就不是針對一種過去的興趣而是針對一種現在的興趣。這一點已由歷史家們在他們的經驗公式中用各種各樣的方式一再說過了。[4]

歷史學家**愛德華・霍列特・卡爾***也針對這段話提出說明:

這意思是說，**歷史主要在於以現在的眼光，根據當前的問題來看過去；歷史學家的主要任務不在於記載，而在於評價**，因為，如果他不評價，他又如何知道什麼是值得記載下來的？[(5)]

19世紀，**黑格爾***在課堂上講授歷史哲學時，區分了「事實的歷史」、「反思的歷史」和「哲學的歷史」。歷史的素材就是過去的事實，但事實不會直接構成歷史，需要有個人從為數眾多的事實中篩選出幾件事實、編成「歷史」。為了幫助大家了解其中的關係，以下用圖示說明我們目前對「歷史」的理解，以及克羅采對「歷史」的理解。

圖28　**兩種「歷史」的理解**

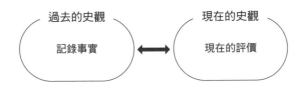

這種史觀的變化，與哲學的變化如出一轍。20世紀強調主觀的詮釋，主張透過重新解讀再度建構歷史。

這個變化強調主觀的建構，因此可能會危及歷史原有的客觀性。結果終究無法定論哪一種歷史才是正確無誤。

Column

在第二次世界大戰以前，日本也研究克羅采的哲學，經常探討他與黑格爾、馬克思主義的關聯。由於克羅采的哲學與義大利的法西斯主義屬於同一時期，因此他對法西斯主義的關係也成為探討的議題。但是到了戰後，日本對他的興趣變得淡薄，早期出版的

《歷史學的理論和實際》也始終沒有重出新版。不過，考慮到克羅采和同為義大利哲學家的維柯的關係、現代義大利哲學的重要性，仍有必要重新探討、評價他的思想。

> **貝尼德托・克羅采**：請參照 Basic 76。

> **愛德華・霍列特・卡爾**：20世紀的英國歷史學家、國際政治學者。著作繁多，最常被引用的是1961年出版的《歷史是什麼》。

> **格奧爾格・威廉・弗里德里希・黑格爾**：請參照 Basic 24。

系譜學會暴露
歷史起源的卑微

「系譜學（Genealogie）」是為傳統屬於歷史學分支的學問賦予新的意義後，成立的一個研究哲學的重要方法。

這個背後的功臣就是德國哲學家**尼采***，不過在東方，「系譜學」的意義還沒有獲得充分的理解。因此尼采的著作《道德系譜學》，在以前曾譯作《道德的系譜》，缺乏對「系譜學」這門學問的認知。

在尼采以前，「系譜學」是指研究王公貴族家世的學問。古代學者也會在希臘神話和聖經裡調查這種系譜。日本也有人會製作家系圖，以誇耀自己與源氏和平氏，甚至是與豪門、天皇家的血緣關係。

這種系譜學一般是有力人士為了在列祖列宗中找到出色的家世起源、頌揚自己的權威，才會進行調查，也就是為了宣稱自己是偉大血統的後代。不過，尼采卻徹底顛覆了「系譜學」的意義。

尼采指出**現在位高權重、尊貴非凡的人，在追本溯源後，反而證明其祖先出身卑微、令人唾棄**。例如「道德」是現代人必須遵守的珍貴價值，但它的起源卻是弱者的怨恨和嫉妒。

弱者面對強者時，理應憑實力取勝，但因為沒有勝算，於是聚在一起試圖將強者下拉到與自己相同的水準。尼采稱這種心態為「畜群本能」，並將弱者的怨恨命名為「無名怨憤」。

他發現人人肯定的美好「道德」，其實是源自於一群弱者卑鄙的「無名怨憤」。

因此，相對於藉由過往榮耀來鞏固現在權威的傳統「系譜學」，尼采的「系譜學」則是揭露過去隱藏的卑微根源，使人失去現在的權威。由此可見，尼采的「系譜學」具有批判的功能。

除了尼采以外，**馬克思**＊和**佛洛伊德**＊也發展過這種形式的系譜學，只是他們並不像尼采一樣特意用「系譜學」來稱呼。

法國哲學家**傅柯**＊則是研究尼采的「系譜學」，並以「考古學（archaeology）」的方式繼承。他在1971年發表的論文〈尼采・系譜學・歷史〉裡有這麼一段話：

> 歷史也教導人們如何嘲笑根源的一本正經。（中略）我們總傾向以為，當事物（中略）出現時，這便是它們最完美的時刻。（中略）但是歷史的起始是粗鄙的：從來不像鴿子的踱步一般具有謙虛或者謹慎的意涵，而是嘲笑的與嘲諷的，足以解消所有對根源的迷戀。[6]

傅柯的考古學重新發掘了尼采系譜學的意義，並拓展出新的可能性。

尼采將無名怨憤（法語為 ressentiment），解讀為弱者的怨恨並視為道德的起源；德國哲學家**舍勒***承襲這個觀點，發展出獨自的無名怨憤理論。尼采認為無名怨憤起源自基督教，舍勒則是認為近代公民社會才是無名怨憤的根源。舍勒認為在近代公民社會的公共領域裡，原則上人人平等，但現實卻往往會造成差異，於是激起人的怨恨。這個論點作為社會分析來看尚可理解，但遺憾的是沒有像尼采的理論那麼衝擊人心。

> **弗里德里希‧尼采**：請參照 Basic 9。

> **卡爾‧馬克思**：請參照 Basic 51。

> **西格蒙德‧佛洛伊德**：請參照 Basic 14。

> **米歇爾‧傅柯**：請參照 Basic 19。

> **馬克斯‧舍勒**：請參照 Basic 11。

從歷史解構到解構主義

在20世紀格外注重「歷史」的哲學家，非德國的**海德格**＊莫屬。

他在著作《存在與時間》（1927）裡，透過名為「此在」的人類，改變了哲學傳統上探討的存在論，而這些都與「歷史」息息相關。

海德格從時間的觀點來理解人類，因為人一直都在過去－現在－未來的時序裡行動。不過，這三種時態並不是一直各司其職，而是由其中一個時態掌控全局，人的存在方式也會因此改變。

將人在時序裡的存在方式視作群體，就可以看出人在歷史上的存在方式。生存在時序上的人如何活在與他人的關係之中，這就是我們要探索「歷史」的原由。人不只是時間性的，也是歷史性的。

另一方面，海德格在理解存在論時，也賦予「歷史」很大的

任務。因為他在哲學上探討的問題，一直都隱蔽在過去之中、遭到扭曲。因此，海德格提倡「存在論的歷史解構」，並寫下這段話：

> 如果要為存在問題本身而把這個問題自己的歷史透視清楚，那麼就需要把硬化了的傳統鬆動一下，需要把由傳統作成的一切遮蔽打破。我們把這個任務瞭解為：以存在問題為線索，把古代存在論傳下來的內容解構而為一些源始經驗。(7)

海德格這裡所說的「解構（Destruktion）」，**德希達**＊則是以法語「déconstruction」來表達。後者給人一種新奇的感覺，其實只是把海德格的「解構」用法語換成另一種說法而已。此時的問題在於要解構什麼、建構什麼。

德希達認為，解構是要拆除因二元對立而強勢形成的「階層秩序」，像是男性和女性、西方和非西方、認真和放蕩、原作和複製等等。二元對立會形成由其中一方主導、另一方從屬的階層秩序。

因此，推翻這個秩序就是「解構」的第一步。於是德希達強烈批判自古希臘以來的「西方中心主義」和「男性中心主義」。

可是，單純的立場轉換未必能夠解決問題，所以解構還需要更複雜的方法，我們必須要清楚認知到這一點。

Column

這裡稍微說明一下解構的方法，以原作和複製的二元對立為例。我們一直都認為原作才有價值，複製則是劣質品，平常我們也是基於同樣的理由禁止複製轉載。那這個二元對立要如何解構呢？德希達的做法是揭露原作其實也是複製品。但這樣還沒結束，因

為被指為複製品的原作，就變成了其他原作的複製品，於是形成永無止盡的複製。那這時，原作究竟在何方？

> **馬丁・海德格**：請參照 Basic 10。

> **雅克・德希達**：20－21 世紀的法國哲學家。嘗試用「解構」的方法來轉換自柏拉圖以來的形而上學，發展出後結構主義哲學。作品有 1967 年出版的《論文字學》及其他許多著作，為現代思想的代表哲學家。

歷史（History）是故事（Story）嗎？

　　從「歷史」和「故事」的英語（history和story），可以明顯看出兩者的共同點。兩者都是源自希臘語的「ιστορία（historia）」，後來才分化。法語、義大利語、西班牙語現在也都是使用同樣的詞，並沒有區別。

　　我們可以隱約想像得出「歷史」和「故事」的關聯。歷史所探究的過去事實多不勝數，看似毫無脈絡可言。所以我們需要挑出其中幾件事，找出其中的關聯；換言之，可以說是從這些事件中編造出故事。將多種多樣的事實組織成「故事」，才能作為「歷史」來理解。

　　積極提倡歷史＝故事這個觀點的，是名為**亞瑟・丹托***的美國哲學家。他曾說過以下這段話：

> 如今故事在歷史裡的任務已顯而易見，即是用於解釋事實的變化，它最大的特徵，是用來說明在悠久的期間內，每個人的人生關聯中所

產生的龐大變化。歷史的職責，就是顯現出這種變化，將過去組織成時間的系列，透過變化來敘述發生的事，同時解說事實的變化。[8]

在這之前，「歷史」總被視為客觀記述已經發生的事實，不過丹托**善用「歷史」的詞源，將之理解為歷史學家透過「詮釋」創作而成的「故事」**。這可以算是根本上改變了對「歷史」的觀點。

不過，以前並非完全沒有出現過這個觀點。因為作為事實的歷史，和文獻記載的歷史一直都有所區別，只是現在的「歷史＝故事」理論主張得更加徹底。連「作為事實的歷史」，也都經過一定的挑選和詮釋。所以，只有經過詮釋的歷史，並沒有「作為事實的歷史」。於是，經過各種詮釋的「歷史」參差不齊，這種史觀雖然很適合注重多元化的現代，但仍需要重新追尋歷史的客觀根據。

Column

「歷史＝故事」的觀點，經常被視為20世紀下半葉流行的後現代主義*的歷史學版本。例如徹底推動這個觀點的美國哲學家**海登・懷特***，在1973年出版了《史元：十九世紀歐洲的歷史意象》，而日語版的導讀裡寫了下列這段話：

「若是依循懷特的理論，結果就是批判歷史的講述不能干預已有正確理解的實在認知……由此來看，就會急於定論《史元》是無法判定真假的典型後現代主義言論，是不負責任且危險的相對主義主張。「相對主義」是外界攻擊《史元》的代表性標籤。」

> **亞瑟・丹托**：20－21世紀的美國藝術評論家、哲學家。在歷史哲學的成就廣
　為人知。
> **後現代主義**：1970年代到80年代，主要在美國流行的文化運動。起初是建
　築界的專有名詞，後來才擴展到其他各個領域。首度運用在哲學，是始於
　1979年法國哲學家李歐塔出版的《後現代狀態》。
> **海登・懷特**：20－21世紀的美國歷史學家、文藝評論家。1973年出版《史
　元：十九世紀歐洲的歷史意象》，對歷史提出新的觀點，廣受矚目。由於當
　時正流行後現代主義，因此被視為是後現代式的歷史理論。

歷史總會重演。
第一次是悲劇，
第二次是鬧劇

Basic 99

　　歷史會重演，這是自古以來反覆述說的現象。早在古希臘時代，歷史學家**修昔底德**＊就已經談過這件事，**馬克思**＊也曾引用**黑格爾**＊的話，用與眾不同的方式談起這個現象。

> 黑格爾在某個地方（《歷史哲學》）說過，一切偉大的世界歷史事變和人物，可以說都出現兩次，他忘記補充一點：第一次是作為悲劇出現，第二次是作為笑劇出現。[9]

　　馬克思沒有標示出處便引用的這個說法，是出自黑格爾《歷史哲學》裡的文章，黑格爾在這段裡的敘述不太引人注目。不過仔細一看，就能知道其中與馬克思的文意相當類似。黑格爾的說法是：

> 假如一種政治革命再度發生的時候，人們就把它認為是理所當然的

了。也就是這樣，拿破崙遭到了兩次失敗，波旁王室遭到了兩次放逐。經過重演以後，起初看來只是一種偶然的事情，便變做真實和正當的事情了。(10)

　　黑格爾用「偶然」和「真實」來理解重演的事。第一次以為只是偶然發生的事情，第二次發生就會讓人覺得是真實的了。而他舉的例子是「拿破崙兩次失敗」。馬克思讀完黑格爾的這段話後，便挪揄拿破崙一世和三世的關係是悲劇和鬧劇。

　　姑且不論這個對比究竟有什麼意義，可以肯定的是馬克思和黑格爾的史觀十分貼近。因為馬克思也在同一本書中，再度引用黑格爾說過的名言：「這裡是羅得島，就在這裡跳吧！」黑格爾是在自己的《法哲學原理》序文中引用這段《伊索寓言》的故事，用意是強調我們無法超越個人生存的歷史年代。

> **修昔底德**：西元前5－前4世紀的古希臘歷史學家。著有以歷史分析手法記述的《伯羅奔尼撒戰爭史》，以及媲美希羅多德的《歷史》一書，但未能撰著完成。
> **卡爾·馬克思**：請參照Basic 51。
> **格奧爾格·威廉·弗里德里希·黑格爾**：請參照Basic 24。

歷史的終點
是動物化嗎？

　　美國政治學家**法蘭西斯・福山***於1989年發表論文〈歷史之終結與最後之人〉後，「歷史的終點」這個說法開始廣受大眾矚目。多年後，福山將這篇論文出版成同名書籍，但造成的震憾不及當初的論文。因為這篇論文是在「拆除柏林圍牆」以前發表，文中預言了共產主義體制將會瓦解。當時福山將共產主義瓦解後的世界，稱作「歷史的終點」。

　　但是，他所謂的「歷史的終點」卻經常遭到誤解，出現像是「就算共產主義瓦解，歷史還是會繼續下去吧！人類又沒有滅亡，歷史怎麼可能會結束！」之類的意見。因此，我們需要了解「歷史的終點」究竟是什麼意思。

　　這個說法源自於從俄羅斯流亡海外的**亞歷山大・科耶夫***，在1930年代於法國講授的黑格爾哲學課程。他將「歷史」視為由「主人和奴隸的對立」開啟的階級對立的歷史，所以當社會中的階級對立消失後，「歷史就會結束」。

當主人和奴隸之間的區別和對立消失，主人不再是主人，因為他不再有奴隸；奴隸不再是奴隸，因為他不再擁有主人，並且也不會重新成為主人，因為他將不會擁有奴隸，這個時候，歷史停止了。[11]

福山將這種對立的結束，視為自由民主主義和共產主義的對立消失的時候。**因此只要共產主義瓦解，全世界就會充斥著自由民主主義，再也沒有對立，「歷史就結束了」**。

關於這個歷史的終點，還有一點必須確認，就是「歷史的終點」也可以看作「人類的終點」。因為科耶夫說過，「人的誕生和歷史的開始伴隨著導致一個主人和一個奴隸的出現的最初鬥爭」。換句話說，主人與奴隸對立的「歷史」，也就是「人」的歷史。所以「歷史的終點」也代表「人的終點」。

具體上「人的終點」有什麼含義？以及現代真的是「歷史的終點」嗎？在進行老套的批判以前，我們還是有必要先了解「人的終點」和「歷史的終點」究竟意味著什麼。

> **法蘭西斯‧福山**：20－21世紀的美國政治學家。因預言冷戰結束的論文而受到矚目，後來在1992年出版《歷史之終結與最後之人》一書，宣揚新時代的開始及其意義。
> **亞歷山大‧科耶夫**：請參照Basic 88。

附注

Part 1

Introduction

（1） 雅克‧德希達《論文字學》（De la grammatologie）

（2） 伊曼努爾‧康德《純粹理性批判》，鄧曉芒譯，聯經出版

（3） 湯瑪斯‧內格爾《哲學入門九堂課》，黃惟郁譯，究竟出版

（4） 聖多馬斯‧阿奎那《亞里斯多德形上學註》，孫振青譯，明文書局

（5） 吉爾‧德勒茲、菲利克斯‧瓜達里《何謂哲學》，林長杰譯，台灣商務印書館

（6） 莫里斯‧梅洛－龐蒂《知覺現象學》，楊大春、張堯均、關群德譯，北京商務印書館

（7） 尚－保羅‧沙特《存在主義即人文主義》，周煦良、湯永寬譯，五南圖書

（8） 路德維希‧維根斯坦《哲學研究》，李步樓譯，北京商務印書館

（9） 阿佛列‧諾斯‧懷海德《過程與實在》，周邦憲譯，貴州人民出版社

（10） 萊布尼茲《人類理智新論》，陳修齋譯，五南圖書

（11） 于爾根‧哈伯瑪斯《後形而上學思想》，曹衛東、付德根譯，南京譯林出版社

Chapter 1

（1） 馬丁‧海德格《哲學導論》（Einleitung in die Philosophie）

（2） 伊曼努爾‧康德《康德著作全集》，李秋零主編，中國人民大學出版社

（3）　勒內・笛卡兒《沉思錄（3版）》，周春塘譯，五南圖書

（4）　帕斯卡《思想錄》，何兆武譯，五南圖書

（5）　愛因斯坦、佛洛伊德《智者與仁者的交會：托爾斯泰與甘地談自由，愛因斯坦與佛洛伊德論戰爭》，彭嘉琪、林子揚譯，八旗文化

（6）　和辻哲郎《作為人間學問的倫理學》

（7）　亞里斯多德《政治學》，蕭育和譯，五南圖書

（8）　卡爾・洛維特《個體在同胞中的角色》（Das Individuum in der Rolle des Mitmenschen）

（9）　柏拉圖《柏拉圖對話集》，戴子欽譯，天地圖書

（10）　羅伯特・布蘭登《明說出來》（Making It Explicit: Reasoning, Representing, and Discursive Commitment）

（11）　米歇爾・傅柯《詞與物：人文科學的考古學》，莫偉民譯，上海三聯書店

Chapter 2

（1）　聖多馬斯・阿奎那《亞里斯多德形上學註》，孫振青譯，明文書局

（2）　亞里斯多德《靈魂論及其他》，吳壽彭譯，五南圖書

（3）　培根《新工具》，許寶騤譯，北京商務印書館

（4）　萊布尼茲《人類理智新論》，陳修齋譯，五南圖書

（5）　勒內・笛卡兒《沉思錄・我思故我在（3版）》，龐景仁譯，野人文化

（6）　笛卡兒《談談方法》，王太慶譯，網路與書出版

（7）　伊曼努爾・康德《純粹理性批判》，鄧曉芒譯，聯經出版

（8）　G. W. F.・黑格爾《精神現象學》，先剛譯，五南圖書

（9）　皮爾士〈四種不能的效果〉（Some Consequence of Four Incapacities），俞懿嫻譯（摘自〈古典美國實用主義──帕思與

詹姆士》）

（10） 麥可‧波蘭尼《隱含維度》（The tacit dimension）

（11） 湯瑪斯‧孔恩《科學革命的結構》（The Structure of Scientific Revolutions）

（12） 諾伍德‧拉塞爾‧韓森《發現的模式》（Patterns of discovery）

（13） 卡爾‧波普爾《架構的神話》（The myth of the framework）

（14） 漢斯‧阿爾伯特《批判理性論》（Traktat über kritische Vernunft）

Chapter 3

（1） 和辻哲郎《作為人間學問的倫理學》

（2） 蕭伯納《賣花女》

（3） 約翰‧斯圖亞特‧彌爾《論自由》，許寶騤譯，北京商務印書館

（4） 柏拉圖《理想國》，吳松林譯，華志文化

（5） 尼采《論道德的譜系》

（6） 邊沁《道德與立法原理導論》，時殷弘譯，北京商務印書館

（7） 伊曼努爾‧康德《實踐理性批判》，鄧曉芒譯，聯經出版

（8） 亞里斯多德《尼各馬可倫理學》，廖申白譯注，北京商務印書館

（9） 弗里德里希‧尼采《權利意志》，孫周興譯，北京商務印書館

（10） 阿爾弗雷德‧朱爾斯‧艾耶爾《語言，真理與邏輯》，尹大貽譯，上海譯文出版社

Chapter 4

（1） 帕斯卡《思想錄》，何兆武譯，五南圖書

（2） 羅素《幸福之路》，傅雷譯，五南圖書

（3） 阿蘭《論幸福》，潘怡帆譯，麥田出版

（4） 卡爾‧希爾提《幸福論》（Glück）

（5） 亞里斯多德《尼各馬可倫理學》，廖申白譯注，北京商務印書館

（6）　伊曼努爾・康德《道德底形上學之基礎》，李明輝譯，聯經出版

（7）　尼采《善惡的彼岸》，朱泱譯，水牛出版

（8）　尼采《悲劇的誕生》，安婕工作室譯，華滋出版

（9）　佛洛伊德《文明及其不滿》，嚴志軍、張沫譯，浙江文藝出版社

（10）　米歇爾・傅柯《傅柯全集（第5卷）性・真理》〈生存的美學〉，小林康夫、石田敬英編，筑摩書房

（11）　卡繆《薛西弗斯的神話》，張漢良譯，志文出版社

（12）　羅伯特・諾齊克《無政府、國家與烏托邦》，王建凱、張怡沁譯，時報出版

（13）　第歐根尼《名哲言行錄》〈給美諾西厄斯的信〉，徐開來、溥林譯，廣西師範大學出版社

Part 2

Chapter 5

（1）　烏爾里希・貝克《自己的上帝》（Der eigene Gott）

（2）　聖多馬斯・阿奎那《亞里斯多德形上學註》，孫振青譯，明文書局

（3）　伊曼努爾・康德《純粹理性批判》，鄧曉芒譯，聯經出版

（4）　費爾巴哈《基督教的本質》，榮震華譯，北京商務印書館

（5）　馬克思《黑格爾法哲學批判》，中共中央編譯局譯，北京人民出版社

（6）　尼采《查拉圖斯特拉如是說》，錢春綺譯，大家出版

（7）　尼采《權利意志》，孫周興譯，北京商務印書館

（8）　理查・道金斯《上帝的迷思》，陳蓉霞譯，海南出版社

（9）　丹尼爾・丹尼特《破除魔咒：將宗教視為自然現象》（Breaking the Spell: Religion as a Natural Phenomenon）

（10）　維根斯坦《維根斯坦全集第10卷》〈論確實性〉，涂紀亮、張金言譯，河北教育出版社

（11）　愛德蒙德・葛梯爾〈得到證成的真信念是知識嗎？〉（Is Justified True Belief Knowledge?）

Chapter 6

（1）　笛卡兒《談談方法》，王太慶譯，網路與書出版
（2）　伊曼努爾・康德《純粹理性批判》，鄧曉芒譯，聯經出版
（3）　叔本華《作為意志和表象的世界》，石冲白譯，五南圖書
（4）　馬丁・海德格《存在與時間》，王慶節、陳嘉映譯，桂冠圖書
（5）　維根斯坦《邏輯哲學論》，郭英譯，北京商務印書館
（6）　馬庫斯・加百列《為什麼世界不存在》，王熙、張振華譯 北京商務印書館
（7）　魏克斯庫爾《動物的周遭世界和內心世界》（Umwelt und Innenwelt der Tiere)
（8）　愛德華・沙皮爾、班傑明・李・沃爾夫《文化人類學和語言學》（Cultural anthropology and linguistics）〈作為科學的語言學地位〉
（9）　G. W. 萊布尼茲《神義論》，陳馴譯，博雅出版
（10）　納爾遜・古德曼《構造世界的多種方式》，姬志闊譯，上海譯文出版社

Chapter 7

（1）　馬丁・海德格《形而上學導論》，熊偉、王慶節譯，北京商務印書館
（2）　赫拉克利特《赫拉克利特著作殘篇》，楚荷譯，廣西師範大學出版社
（3）　第歐根尼《名哲言行錄》，徐開來、溥林譯，廣西師範大學出版社
（4）　史蒂芬・平克《心智探奇》，郝耀偉譯，浙江科學技術出版社

（5）　笛卡兒《哲學原理》，陳啟偉譯，北京商務印書館

（6）　斯賓諾莎《倫理學》，賀麟譯，北京商務印書館

（7）　尚－雅克・盧梭《社會契約論》，何兆武譯，北京商務印書館

（8）　和辻哲郎《風土》，陳力衛譯，北京商務印書館

（9）　羅德里克・納許《大自然的權利：環境論理學史》，楊通進譯，
　　　青島出版社

（10）　于爾根・哈伯瑪斯《人類自然本性的未來－邁向自由化的優生學
　　　政策？》（Die Zukunft der menschlichen Natur）

Part 3

Chapter 8

（1）　田中美知太郎《詭辯家》（Sophist），講談社學術文庫

（2）　帕斯卡《思想錄》，何兆武譯，五南圖書

（3）　詹巴蒂斯塔・維柯《新科學》，朱光潛譯，北京商務印書館

（4）　皮耶・布赫迪厄《區判：品味判斷的社會批判》，邱德亮譯，麥
　　　田出版

（5）　《構造・神話・勞動 克勞德・李維史陀日本演講集》，大橋保夫
　　　編，三好郁朗、松本加代子、大橋壽美子譯（1977年訪日演講
　　　稿）

（6）　米歇爾・傅柯《性經驗史》，余碧平譯，上海人民出版社

Chapter 9

（1）　亞里斯多德《政治學》，蕭育和譯，五南圖書

（2）　馬克斯、恩格斯《德意志意識型態》，孫善豪譯，聯經出版

（3）　傑瑞米・邊沁《道德與立法原理導論》，時殷弘譯，北京商務印
　　　書館

（4）　吉爾・德勒茲《哲學與權力的談判》，劉漢全譯，北京商務印書
　　　館

（5）　朱迪斯‧巴特勒《性／別惑亂：女性主義與身分顛覆》，林郁庭譯，國立編譯館與桂冠圖書

（6）　尚－保羅‧沙特《存在主義即人文主義》，周煦良、湯永寬譯，五南圖書

Chapter 10

（1）　帕斯卡《思想錄》，何兆武譯，五南圖書

（2）　黑格爾《歷史哲學》，王造時譯，上海書店出版社

（3）　卡爾‧馬克思《馬克思恩格斯選集（第2卷）》〈政治經濟學批判序言〉，中共中央編譯局，人民出版社

（4）　克羅采《歷史學的理論和實際》，傅任敢譯，北京商務印書館

（5）　愛德華‧霍列特‧卡爾《歷史是什麼》，吳柱存譯，北京商務印書館

（6）　米歇爾‧傅柯《尼采‧系譜學‧歷史（上）》，李宗榮譯（摘自島嶼邊緣雜誌第五期）

（7）　海德格《存在與時間》，王慶節、陳嘉映譯，桂冠圖書

（8）　亞瑟‧丹托《歷史的分析哲學》（Analytical Philosophy of History）

（9）　卡爾‧馬克思《路易‧波拿巴的霧月十八日》，中共中央編譯局譯，人民出版社

（10）　黑格爾《歷史哲學》，王造時譯，上海書店出版社

（11）　亞歷山大‧科耶夫《黑格爾導讀》，姜志輝譯，南京譯林出版社

〈作者簡介〉

岡本裕一朗

玉川大學 榮譽教授

1954年生於福岡縣，九州大學研究所文學研究科主修哲學‧倫理學，文學博士。曾任九州大學助教、玉川大學文學部教授，2019年起為榮譽教授。專攻西洋近現代哲學，興趣廣泛，從事哲學和科技的跨領域研究。著作《いま世界の哲学者が考えていること》（鑽石社）是彙整了21世紀當代哲學家思想的暢銷書籍。另著有《フランス現代思想史》（中公新書）、《12歳からの現代思想》（筑摩新書）、《モノ. サピエンス》（光文社新書）、《ヘーゲルと現代思想の臨界》（NAKANISHIYA出版）等等。

TETSUGAKU 100 NO KIHON by Yuichiro Okamoto
Copyright © 2023 Yuichiro Okamoto
All rights reserved.
Original Japanese edition published by TOYO KEIZAI INC.

Traditional Chinese translation copyright © 2024 by MAPLE PUBLISHING CO., LTD.
This Traditional Chinese edition published by arrangement with TOYO KEIZAI INC.,
Tokyo, through CREEK & RIVER Co., Ltd., Tokyo

送給迷惘中的你
思考人生的100句哲學箴言

出　　　版／楓樹林出版事業有限公司
地　　　址／新北市板橋區信義路163巷3號10樓
郵 政 劃 撥／19907596　楓書坊文化出版社
網　　　址／www.maplebook.com.tw
電　　　話／02-2957-6096
傳　　　真／02-2957-6435
作　　　者／岡本裕一朗
翻　　　譯／陳聖怡
責 任 編 輯／吳婕妤
內 文 排 版／謝政龍
港 澳 經 銷／泛華發行代理有限公司
定　　　價／450元
初 版 日 期／2024年5月

國家圖書館出版品預行編目資料

送給迷惘中的你：思考人生的100句哲學箴言
／ 岡本裕一朗作；陳聖怡譯. -- 初版. -- 新北
市：楓樹林出版事業有限公司, 2024.05
　　面；　公分

ISBN 978-626-7394-66-3（平裝）

1. 哲學　2. 通俗作品

100　　　　　　　　　　　113004232